企業と社会フォーラム学会誌　第12号

JN013990

編集：企業と社会フォーラム　　　発行：千倉書房

目　　次

は じ め に

　多くの人命を奪った感染症が収束の兆しを見せるかと思えば，人間の尊厳や生命の尊さを蹂躙するような戦争がいまだ続いています。「企業活動の前提は社会の平和」などという感覚は全くはかないものであることが明らかとなりました。戦後の東西冷戦についても，1989年の東西ベルリンの壁崩壊と1991年のソビエト連邦崩壊によって冷戦構造は解消し，「とうとう世界に平和が訪れた」などという思い（私自身が社会人4年目に実際に覚えた高揚感）は，30年後に幻想にすぎなかったことを思い知らされました。

　こうした歴史上きわめてまれな不確実性に，現代の企業と社会は同時に複数直面しています。そこには今までとは異なる発想に基づく新たな枠組みが求められています。このような時代において，本年第12回年次大会は，「危機を乗り越えて：人・市場・社会をめぐる新たなパラダイムへ」を統一論題として開催されます。

　本号には，これまでにない試みが施されました。今年からは，先回の大会要旨に加え，同一年の大会テーマに沿った招待論文を前面に出して掲載します。もともと学会誌の発行時期と年次大会は同期していたので，今年の大会テーマに深く関連する論文を掲載することにより，学会誌と年次大会がシンクロして相乗効果を発揮するように企図されました。

　その意味において，今年の大会テーマである「危機を乗り越えて：人・市場・社会をめぐる新たなパラダイムへ」に即した招待論文を快くご寄稿いただいた，当学会創設者であり，前会長の谷本寛治早稲田大学教授には，その貢献に心より感謝する次第です。この論文は，まさに冒頭に述べた問題意識「企業と社会に求められる，今までとは異なる発想に基づく新たな枠組み」を示しています。

　また，先回の第11回年次大会「デジタル・トランスフォーメーション（DX）による社会的価値の創出―持続可能性（SD）実現におけるデジタル技術の役割」の抄録も，大変読み応えのある内容です。慶應義塾大学医学部宮田裕章教授と富士通株式会社の福田譲氏による基調講演を始めとして，改めてデジタル技術が社会の深層に影響を与え，人間のWell-Beingのためにそれら技術を活用することがいかに大切であるかを思い起こさせてくれます。続く自由論題も，サプライチェーンにおけるクロスセクター協働，児童労働問題解決に向けたブロックチェーン技術の活用，インパクト投資における社会的投資ブローカーの役割など，現代の企業と社会に関わる問題に取り組んだ，まことに時機を得たテーマが展開されています。

　現代における企業と社会に関わる重要な示唆を感じさせる研究成果をぜひご一読いただき，日々の思索や活動の糧としてお役立ていただきたいと存じます。

2023年7月

企業と社会フォーラム会長
慶應義塾大学大学院経営管理研究科教授
岡田　正大

企業と政治・平和・持続可能な発展
——経営学の課題

谷本　寛治

早稲田大学商学学術院商学部教授

キーワード：ビジネスと政治，ビジネスと平和，地政学的リスク，企業の政治的責任，ウォウク・キャピタリズム

【要旨】

　企業と政府・政治という問題は，古くて新しい問題である。さらにグローバル化の進展とともに，ビジネスと地政学的リスク，戦争，地域紛争，平和構築というテーマがその重要性を増している。ロシアのウクライナ侵攻に伴う経済制裁は，持続可能な発展を求める動きと対立する部分もあり，企業と政治，サステナビリティという課題をトータルに考えていく必要がある。こういったテーマは，企業経営の現場では厳しい意思決定が迫られる問題になっているにもかかわらず，経営学の領域ではこれまであまり議論されてこなかった。本稿ではさまざまな議論を整理し，リスク管理の発想にとどまらず，ビジネスと紛争予防，平和構築，持続可能な発展に取り組んでいくことの重要性を考えていく。

1.　イントロダクション・論点

　経営学における「企業と社会」という研究領域は広く，ビジネス活動と政府，政治という問題も含まれる。企業システムは，経済的主体であると同時に，社会的，政治的主体でもある（谷本，2002; 2020）。Lee and Glosserman（2022）も，これまで多くの企業（とくに西側の企業）はビジネスと政治を切り離して考えてきたが，この二分法は多くの場合間違っており，企業は政治的な主体である，と主張している。

　これまで日本では，ビジネス活動と政府，政治，地政学的リスクなどにかかわる議論は，必ずしも積極的になされてきたわけではない。また企業経営の現場においては，ビジネスと政治は別だという考え方が少なくない。しかしながら，最近のグローバルな政治，経済，社会の変化を受け，こういった考え方は修正を迫られている。

　とくに近年政治的不安定さが高まり，経営戦略においても地政学の重要性がこれまでにないほど高まっているため，企業は政治的・社会的リスクを国際経営，戦略決定に組み込んでいかなければならない，と指摘されている（EY, 2023）。

　それと同時に，企業は紛争予防，紛争後の復興，平和構築といったプロセスに，その本業を通して貢献できることが議論されているし，企業がサステナビリティ課題を考えていく際に，政治的要因を同時に考慮していかなければならないことも議論されている。こうした問題への取り組みには，企業は責任あるビジネスを行い，ステイクホルダーとの長期的な視点で協働していくことが求められる。

このように，企業と政治・平和というテーマは，企業経営の現場においては厳しい対応を迫られているにもかかわらず，経営学の領域ではこれまで研究が少なく（Ford, 2015），とくに日本ではあまり議論がなされてこなかったと言える。企業と政治にかかわる領域には，伝統的なテーマから現代問われているテーマまで，さまざまな課題が存在している。本稿では，最近の議論の広がりを捉え，その背景にある考え方や課題を明らかにしていくことにある。この「イントロダクション」では，主要な議論を整理し，以下で扱うテーマを設定する。

まず，2022年2月に始まったロシアのウクライナへの軍事侵攻は，企業と政治の問題が切り離せないことを再認識させた。EU，G7を筆頭に西側諸国は協調し金融，経済制裁を行っており，ロシアとビジネスを行っている企業も，この地政学的緊張への対応（事業の撤退・停止など）を迫られている。今回は各国の安全保障という要素が大きく，これまでにない影響が広がり，CEOは地政学的機会とリスクのなかで意思決定することが求められている（EY, 2023）。

企業の活動は国際政治と密接にかかわっており，その関係性を無視することはできない古くて新しい問題である。これまでも例えばミャンマーにおける軍事政権の暴力，人権問題に対する経済制裁，中国における人権問題と綿の使用規制，コンゴ民主共和国における反政府武装勢力の支配する紛争鉱物への規制などがグローバルに議論されており，企業は対応を迫られてきた。また問題のある国・地域から事業を撤退・停止するにあたって「責任ある撤退」が求められている。ビジネスの活動は，平和と安全，市場社会のルールの共有と信頼の上に成り立っていることを改めて考えなければならない。
→①ビジネスと地政学的リスクの問題

次に，ロシアの戦争はサステナビリティの課題に大きく影響することも知らしめた。近年，ビジネス活動は経済の領域のみならず社会，環境の領域に大きな影響を与えており，責任ある経営を行うこと（CSR経営，SDGsへの取り組み）が広く求められるようになっている。しかし今回の戦争は民主主義や平和を守るためということで軍事産業への投資が正当化されたり，ロシアによる天然ガス・石油の輸出制限，また脱ロシア依存の政策によるエネルギー・資源の供給不足，価格の急騰に見舞われ，石炭火力発電所を稼働させざるを得なくなり，CO_2削減への取り組みが後退している。サステナビリティの課題が，政治・平和の問題と密接にかかわっていることを考えなければならない。
→②ビジネスと政治・平和とサステナビリティの問題

三つ目は，企業の活動や経営政策が社会に及ぼす影響についてである。近年企業が政治的・社会的問題に対してどのような取り組みを行うか，CEOがどのような姿勢をとり発言をするか，それが従業員や消費者にどのような影響を及ぼすかということが，アメリカを中心に大きな議論となっている。CEOが政治的・社会的問題に関して，その立場を示すことが求められるようになっており，これはウォウク・キャピタリズム Woke Capitalism：社会的正義に目覚めた資本主義と呼ばれている（ジャーナリストRoss Douthatが2015年にNew York Timesで使った用語）。WokeとはWakeの過去分詞形（目が覚めた）で，ブラックコミュニティの俗語から，社会的不公正，人種差別，性差別などを批判し意識が高いという意味で使われている。Woke Corporate Capitalismとも呼ばれるこの時代において，CEOはどのようなスタンスをとるべきか，その姿勢が問われている。

→③ビジネスとウォウク・キャピタリズムの問題

　本稿では，以上の三つの問題に焦点を当て検討していくが，さらにいくつかの問題があり，論点だけ示しておこう。

　企業と政治の問題，四つ目として，グローバルガバナンスのあり方が変わってきたことが挙げられる。グローバル大企業のパワーが及ぼす影響力・範囲と，一国政府のパワー（権限）との間にはギャップ（ガバナンスギャップ）がある。グローバル市場において大企業が引き起こす経済・環境・社会の問題には，一国政府では対応しきれないことが増え，2000年前後から，関係するステイクホルダーが協働して取り組む動きが広がっている。サステナビリティの課題は，一つの主体だけではなく，関係するステイクホルダー：政府，国際機関，NGO，企業，研究機関などが，自発的に，自己統治的に協働し取り組んでいくことが求められている。マルチステイクホルダーによるさまざまなイニシアティブが形成され，新しいルールや基準がつくられているが，それは公共経済学者Ostrom (1990) が言う自己組織的協同選択（self-organized collective choice）の戦略とも言える。

　マルチステイクホルダー・イニシアティブによる取り組みの典型的な例として，SAI (Social Accountability International) による労働・人権の規格（SA8000），サステナビリティにかかわる情報開示に関する国際基準GRI (Global Reporting Initiative)，またパームオイルの生産に関する認証基準RSPO (Roundtable on Sustainable Palm Oil) などが挙げられる。このマルチステイクホルダーによるプラットフォームをどのように管理していくか，その統治システムの可能性と課題についての研究も増えている（Hirschland, 2006; Ruggie, 2008; Fransen, 2012;

Gitsham and Page, 2014; Whelan, 2017; Tanimoto, 2019など）。

→④ガバナンスギャップの問題に対するマルチステイクホルダーによる取り組み

　もう一つ，五つ目として，企業と政治にかかわる伝統的なテーマがある。企業（業界団体）と政府・行政との関係性を解明することは，古くて新しいテーマである。経済政策や社会政策，法規制，さらに国際的な取引ルールなどを策定するプロセスに，企業がどのようにかかわっていくか。経営者らが政策決定プロセスにおける政府内の委員会等に参加することや，外からのロビー活動は，情報提供・共有，調整や協調という面と，パワーをもった働きかけという面があり，研究も以前からされている（Epstein, 1969; Vogel, 1978; Johnson, 1982; Ouchi, 1984; 小林, 1992; Drutman, 2015など）。さらに国際的にはルール形成の場に積極的に参画し，多様なステイクホルダーと協働していくことも重要である（上記④）。

　日本の業界団体と行政（審議会）の関係においては，利害調整や情報交換がなされてきたとの指摘がある一方で（岡崎, 1993など），政・官・財が癒着してきたとの指摘もある（Wolferen, 1989; 福田, 2001など）。ロビー活動に関してはアメリカでは詳細な規制があり透明性が求められているが，日本ではそのような規制がないため不透明である。

　また賄賂や汚職の問題は，国内のみならず海外での事業活動において重要なテーマである（Cleveland, et al., 2010; Bahoo, et al., 2020など）。2000年前後からCSR経営にかかわる国際ルールや規格などに組み込まれ，共有されるようになっている（OECD，国連グローバルコンパクト，ISO，SDGsなどにおいて）。この点は後段p.11を参照のこと。近年ますます公正でオー

プンなビジネス活動のあり方が求められている。

→⑤古くて新しい企業と政府の関係にかかわる問題

以上のように，「企業と政治」の領域には主な問題として，

①ビジネスと地政学的リスクの問題

②ビジネスと政治・平和とサステナビリティの問題

③ビジネスとウォウク・キャピタリズムの問題

④ガバナンスギャップとマルチステイクホルダーの問題

⑤古くて新しい企業と政府の問題

が挙げられ，そこには研究面でも実務面でもさまざまな課題がある。以下では，この①，②，③について論点を検討していく。

2. 分析の視点

企業と政治，平和というテーマを考えていくにあたって，企業を捉える基本的な視点を確認しておこう。

2-1. 市場システムの変化

かつて経済学者Friedman（1962; 1970）は，企業は市場で経済活動に専念し，社会的・政治的な問題は政府の仕事であって，企業の経営者がかかわるべきことではないと主張した。企業，政府は，それぞれの役割を果たすべきで，経営者には社会的責任を果たす資格も合法性もなく，経済効率が低下する，と。しかしながら，1980〜90年代以降，企業活動のグローバル化，経済的影響力の巨大化，進出国・地域社会への社会的・政治的影響力の増大，さらに地球温暖化に代表される国境を越えるサステナビ

リティ課題の広がりなどによって，市場の構造，ルールは大きく変化してきた。またそもそも市場は閉じた経済システムではなく，社会，政治，文化・規範，国際関係の領域と相互に依存する「市場社会」であることを再確認する必要がある（佐伯，1991; 谷本，2002）。

2-2. 企業システムの多面性

経済的システムである企業は，広く社会，政治，文化・規範，国際関係という領域とかかわる社会的・政治的なシステムでもある。企業システムは，その経済活動に伴うパワーを意図的にも非意図的にも社会や政治に及ぼしており，そのポジティブな影響のみならず，ネガティブな影響に伴う責任が問われている（谷本，2002; 2020）。企業システムは，株主，従業員，消費者，市民社会組織，地域社会，環境などステイクホルダーとの相互関係性の中で捉えられる（Freeman, 1984以降のステイクホルダー理論）。そこでは経済的価値を共に生み出し共有する中核のステイクホルダーとの関係のみならず（Barney, 2018; 岡田，2022），システムの周縁に存在する，あるいは排除されたステイクホルダー（経済的価値の恩恵を必ずしも受けられない存在）との関係も含めて，企業システムを捉えることが求められている（谷本，2002; Tanimoto, 2009）。その視点が社会のinclusive and sustainable developmentにつながっていく。

2-3. 企業に期待される役割や責任の変化

市場システムの変化，持続可能な発展を求める動きとともに，消費者や投資家が企業に責任あるビジネスを求める動きが広がってきたことで，企業に期待される役割・責任も大きく変わり，グローバルに社会的責任（CSR）を求める動きが広がってきた。2000年前後から，CSRにかかわる国際的な基準や規制が，国際機関，

NGO，企業などの協働によってつくられ，定着してきている。

経済的・社会的課題に取り組むにあたって，多様なステイクホルダーとのエンゲージメントを通して，経済的・社会的価値を生み出すことが重視されるようになっている。さらに企業価値を捉える基準も変わり，金融市場では企業の財務的成果のみならず非財務的成果も同時に評価する責任投資（ESG 投資）が急速に広がっている。それに伴って企業の情報開示のあり方も変化し，財務情報プラス非財務情報（環境・社会・ガバナンス）を統合して報告するスタイルが国際的に要請されている（谷本，2020; Laine, et al., 2021）。

市場は，近年こういった責任ある企業を評価するよう変化してきている。図1は，市場社会のメカニズムを示したものである。

2-4. 企業の政治的責任

企業は意図的にも非意図的にも政治的な影響力をもっている。前段 p.3 でみた政府の政策決定に影響を与える伝統的な政治的パワーの面のみならず，企業はその時々の各国・地域における社会的・政治的課題と向き合わざるを得ず，どのように取り組むか，その政治的責任（Corporate Political Responsibility：CPR）が問われている。

サステナビリティ課題，SDGs への取り組みは，意図せざるとも政治的なメッセージを伴う。例えば，貧困，人権や児童労働などの問題の背景には，紛争，民族対立，差別といった問題が存在しており，さらにグローバルなガバナンスギャップの問題も存在する。またウォウク・キャピタリズムにおいては，積極的な取り組み姿勢が求められる。企業の政治的メッセージは，企業のパーパスや CSR の取り組みと軌を一にすることが重要であり，政治的活動は透明性をもって示される必要がある（Lyon, et al., 2018; Winston, et al., 2022）。また CPR を考えることは，企業と政治，市民社会との関係を見直していくことにつながる（https://corporate-political-responsibility.org 参照）。

以上のように，企業は経済的システムであると同時に，社会的・政治的システムでもあり，経済活動に伴う社会・環境そして政治への影響力は，意図せざるとも大きくなっており，無視できないものとなっている。同時に，企業活動は国内外の社会や政治の変化を受け，地政学的危機にも対応せざるを得なくなっている。市場社会において責任をもった行動が要請され，CSR と同様，CPR も経営の意思決定の中に組み込んでいく必要がある。企業と社会・政治は

図1　市場社会のメカニズム

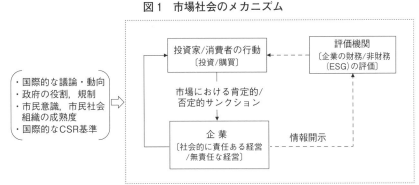

出所：Tanimoto（2019）p. 712，谷本（2020）p. 220 に加筆・修正したもの。

相互に関係していることが本稿の基本的な視点である。

3. ビジネスと地政学的リスク

まず一つ目の問題，ビジネスと地政学的リスクを取り上げよう。企業は国内外で経済活動を進める際に，政治的問題を避けることはできない。戦争，地域紛争によって，ビジネス環境はVUCA：Volatility（変動性）・Uncertainty（不確実性）・Complexity（複雑性）・Ambiguity（曖昧性）が高い状況にある。こういった環境において，ビジネスリーダーは地政学的な機会とリスクを見極める難しい対応が求められている。

地政学的対立が経済的対立を生み，経済的対立がまた地政学的対立を大きくするという状況がみられ，国際ビジネスのルールが大きく変動している。このような状況において企業はどう対応するか。消費者や投資家は企業の姿勢を見ており，〈事業への影響〉×〈レピュテーション〉を見誤ると，大きなリスクとなる*。

> *これまでも国際政治問題にかかわるビジネスの取り組みに対して，アメリカの消費者は明確な姿勢を示してきた。例えば，1970年代の①ベトナム反戦運動：武器・爆弾製造など戦争にかかわるビジネスを行う企業へのボイコット運動や，②反アパルトヘイト運動：人種隔離政策の南アフリカでビジネスを行っている企業に対するボイコット運動。③ミャンマーの軍部クーデターによる反民主化政策への批判運動：軍部による民主化勢力や国民への弾圧，人権侵害に対し，ミャンマーでビジネスを行う企業へのボイコット運動。ミャンマーへの経済制裁に呼応し，多くの企業は事業の撤退を行っている。さらに④コンゴ民主共和国における武装勢力による市民弾圧への批判：コンゴからの希少資源（コンフリクト・ミネラル）の購入を禁止。2010年金融規制改革法において紛争鉱物に関する規制がなさ

れ，SECへの報告（紛争鉱物調達プロセスの開示）が義務づけられている。⑤中国における人権問題への批判。新疆ウイグル自治区における人権問題に対して，2021年輸入規制がなされている。第三者による現地監査・認証ができない以上，大手衣料品メーカーはそこでの綿は使用できないと声明を出している。中国側は，人権問題は存在しないとし，逆に中国消費者から欧米企業はボイコット運動を受けており，難しい立場に置かれている。

2022年2月24日に始まったロシアによるウクライナ軍事侵攻に対して，国連は非難決議*を行い，EU，G7をはじめとする西側諸国は経済制裁を行っている。

> *国連はその憲章において，軍事侵略によって平和を破壊すると，安全保障理事会の認定にもとづいて，経済的・軍事的措置違反をやめさせるようにすることができる，と定めている。金融，財産，通商上の不利益が違反国に及ぶような措置。

この戦争に対してビジネスリーダーにはどのような行動をとるよう期待されているか，Weber Shandwickの調査（2022）によると*，約半数の49%がウクライナへのロシアの侵攻を止めるよう企業が積極的な役割を果たすことを期待している。さらにウクライナ問題にとどまらず，民主主義が脅かされる時，企業は積極的な態度を示すべきだ72%，自国の安全保障を守る意思決定を行うよう期待しているは77%に及んでいた。多くの人々は，ビジネスリーダーが外交問題にかかわることを期待するようになっている。

> *調査は，2022年3月，カナダ，フランス，ドイツ，日本，イギリス，アメリカの6ヵ国，各1,000人の市民・従業員に対して行われた。https://www.webershandwick.com/news/

ただ西側諸国はロシアへの資源依存が大きいため，制裁は必ずしも有効に機能しない面があり，経済的に追い込むことは容易ではない。さらにロシアはこの経済制裁に対し，石油，天然ガス，食糧などを禁輸することで対抗し，EUなどでは厳しいエネルギー・食糧不足を引き起こしている。今回エネルギーや資源が「武器」として使われるようになったと言われている*。

＊Reuters, "Russia using energy as weapon, White House says about Nord Stream shutdown," September 3, 2022.

多くの企業が早い段階からロシアでの事業を撤退，停止，縮小するという決定を行う一方，決定をためらう企業もみられた。ロシア市場での経済活動の規模（輸出量，生産高，売上高など）やロシア資源への依存度，国内外の消費者の声や機関投資家の動き，さらには自国政府の制裁に対する姿勢の違いもあり，事業機会とレピュテーションリスクを測りながらの対応には差がみられる。

エール大学の Sonnenfeld 教授らは，ロシアのウクライナ侵攻後，企業がどのような行動を取ったか調べまとめている（2022年3月10日時点で，166ヵ国1,382社—太字，2023年3月29日時点で166ヵ国1,581社—斜体）。撤退 A，停止 B，縮小 C，時間稼ぎ D，とどまる F とランク付けし，1,000社ほどの企業が撤退・事業停止を行っている（斜体 J が日本企業で，撤退を決めたのは11社）。

当初ロシア市場にとどまると決定したり，逡巡していた企業に対してボイコットや批判がなされ，撤退や事業停止に判断を変えた企業も少なくない。例えば，ユニクロは当初 CEO が「ロシア人にも生活する権利ある」，また「企業に政治的な選択を迫る風潮に強い疑問を感じる」と発言していたが，国内外からのボイコットの動きやソーシャルメディアでの批判，同業の Zara と対照的だとの声（Bloomberg News, 10 March, 2022）などを受けて，1週間後に事業停止を決めている。ビジネスと政治は別だとの主張は，現実の厳しい動きを前に通せなくなっている。またウクライナに寄付を行うことが，免罪符になるわけではない。

表1　ロシア市場における企業の対応

*とどまる　活動の停止や縮小の要請を受け付けない　F（*239, 234*）（*J14*） 　－これまで通りロシアにとどまる企業
*時間稼ぎ　新しい投資や開発を控える　D（*160, 177*）（*J9*） 　－これまでの事業を継続する一方，新しい投資や開発は延期する企業
*縮小　現在の事業を縮小する　C（*171, 148*）（*J5*） 　－現在の事業をかなりの程度縮小するものの，一部は継続している企業
*停止　復帰した時のためにオプションを残しておく　B（*501, 502*）（*J36*） 　－ほとんどの事業を一時的に止めるが，復帰した時のオプションを残している企業
*撤退　明確に撤退し，事業を切り離す　A（*311, 520*）（*J11*）* 　－ロシアでの事業を完全に停止するあるいは撤退する企業

出所：https://som.yale.edu/story/2022/over-1000-companies-have-curtailed-operations-russia-some-remain/
＊2023.3.29現在撤退した日本企業＝アシックス，サントリー，ダイキン，森精機，ENEOS，富士フィルム，丸亀製麺，日産，オムロン，NTTデータ，トヨタ。

多くの日本企業はこういった政治的判断について明確な主張が弱く，他の問題と同様，他社の動向を見ながらの意思決定行動がみられる。

投資家側にも判断が迫られ，投資先の企業がどのような行動を取るかが投資家の国内外の市場での評判につながるため，地政学的リスクへの対応が求められている。オックスフォード大学の Mayer 教授は，今回のロシアの問題は「倫理的懸念と株主利益の最大化戦略が同じ方向を向いているケース」だと指摘している（日本経済新聞，2022.7.4）。

ところで，問題ある国・地域から事業を停止し，引き上げる際には，「責任ある撤退」（Responsible Exit）が求められる。紛争地において責任ある撤退を行うことはコストを伴い，迅速に事業を売却することは容易ではない。例えば，日産はロシアのウクライナ侵攻後半年が経過し，ルノーグループが撤退し，部品の供給や生産の見通しがたたなくなったために，撤退を決めたが，売却先に選択肢はなかった。現地の製造子会社を 1 ユーロでロシアの NAMI に譲渡せざるを得ず，1,000 億円の特別損失を出した（ただし 2,000 人の従業員の雇用維持，6 年以内の事業の買い戻し権付き）。

さらに売却先の吟味も重要である。ミャンマーでの Telenor 社（ノルウェー政府が 53％所有する通信プロバイダ）の事例がある。2021 年のクーデター以降，ミャンマー軍事政権は強制的な監視：通信傍受を行うよう外資系の企業にも圧力をかけてきたため，Telenor はいち早く撤退を決定。2021 年 2 月に現地の事業をレバノンの M1 グループに売却したが，同社はこれまでシリア，スーダン，イエメンなど過激派政権国での事業を行い，汚職やテロリストへの資金提供の疑惑があるため，この売却に対し国際的に批判を受けることになった。

イギリスの小売業 Marks & Spencer やアイルランドのファストファッション Primark などは，ミャンマーでの軍政による労働環境の悪化，人権侵害の広がりを受け，事業の撤退を決めた。その際 ETI（Ethical Trade Initiative：イギリスのマルチステイクホルダーによる独立機関）が 2022 年 9 月に示したレポートに従って，現地で働く人々の安全とウェルビーイングを考慮することを検討すると公表した。ただ Primark は 2023 年 2 月，18 の工場のうち二つの工場で事前通告なく閉鎖されたと報道され，賃金の補償など対応に追われた。厳しい状況のなかで迅速に責任ある撤退・売却を行うことは，容易ではない。

Sonnenfeld 教授らの研究によると，撤退にコストがかかっても，当該企業の株価は上昇している，あるいは下落してもその幅が小さいこと，そしてそれは企業の出身地域（北米・欧州・アジア）・業種には無関係だ，という分析結果を示している（Sonnenfeld, et al., 2022a）。さらに彼らは，企業の撤退や事業停止がロシア経済に大きなダメージを与えているという研究結果を出している（Sonnenfeld, et al., 2022b）。しかし実際に事業を売却した企業数はそれほど多くないという研究も見られる（Evenett and Pisani, 2022）。企業の撤退・停止がどこまでロシア経済に対して影響があるかの判断は，企業の数のみならず，事業規模，業種にもよるし（高付加価値産業），短期ではなく長期的な視点も求められる。

また西側の衣料品メーカーは，ミャンマーのような途上国において地元企業に生産委託をすることで，同国内にサプライチェーンが広がり，低所得者層の雇用を生み出してきたし，労働者の技能を高めていた。しかし，撤退によって大手の親会社と現地工場双方が積み重ねてき

たこの取引関係のメリットは失われてしまう，という難しさがある。

　まとめると，地政学的緊張に対して，企業はこれまでリスク管理の視点から議論してきた（Lee and Glosserman, 2022; EY, 2022; EY, 2023 ほか）。次のポイントが求められる。

　・地政学的リスクを戦略決定に組み入れ，レジリエンスを高めること。
　・リスクの高い地域での事業には，政治的要因にかかわる市場リスク，事業リスク，規制リスクを常にチェックすること。
　・主要なステイクホルダー（消費者・従業員・投資家）の声，市場での評判，政府の方針を常にモニターし評価すること。

　こういったリスク管理はマネジメントにおいて常に必要であると同時に，「企業と社会」の視点からはもう一歩先の課題が求められるようになっている。

　・紛争地におけるビジネスでは，現地の人々の雇用・人権に配慮する必要がある。雇用契約や調達契約は，人権デュー・デリジェンスをベースに実施することが求められる（Ethical Trading）。UNDP（国連開発計画）が 2022 年にまとめた手引書，「紛争等の影響を受ける地域でのビジネスにおける人権デュー・デリジェンスの強化」は，紛争等の影響を受ける地域で責任あるビジネス活動を行うにあたって，実効性のあるデュー・デリジェンスのあり方を示している（UNDP, 2022; UNGC and PRI, 2010 も参照）。
　・紛争地からビジネスの撤退・停止を決定する際には，Responsible Exit Policy に従い，責任ある撤退が求められる。短期的には株主利益に反することになっても，長期的には現地社会との建設的な関係をつく

り，維持していくことの意義を考える必要がある。
　・また，紛争地域にとどまり，生産，雇用の維持，改善を求め，地域経済に貢献すべきだという意見もある。国内外および現地のステイクホルダーと連携しながら，政治的リスクを抱えた上で事業を継続していくには，難しい運営が求められる。H&M やZara などは，ミャンマーで多くの人々がそのサプライチェーンで働いていることから，クーデター後すぐに撤退せず，状況を見ながら事業，雇用を維持するとしている。

　以上のように，地域紛争・戦争→撤退という従来のリスク管理的戦略にとどまらず，それを超える発想も求められている。地域の紛争予防，平和維持，平和再構築（社会経済構造の変革）においてビジネスができることは多く，その貢献が期待されている（OECD, 2013; Taka, 2016）。これらの点については，次の 4. で取り上げる。

4. ビジネスと政治・平和とサステナビリティ

　次に，ビジネスと政治，平和そしてサステナビリティにかかわる問題を取り上げよう。
　互いに経済的に結びつき依存しあっている国同士は戦争を起こさない，という理解があった。ジャーナリストの Thomas Friedman は，*The World is Flat*（2005）において，グローバリゼーション，デジタリゼーションが進むとともに，ヒト・モノ・カネが自由に行きかうフラットな地平が広がり，経済的結びつきが強く依存しあう関係を互いに壊そうとはしなくなる，と指摘していた。マクドナルドがある国同士は戦争しないという McDonald allegory を，Golden Arches theory とも呼んでいた。

このフラット化のメタファーはすでにさまざまに批判されてきている（例えば，Leamer, 2007など）。また大国間の経済的相互依存は平和維持に貢献するが，逆にそれをデカップリングすれば戦争リスクを高めることになるという見解もみられるが，それも現実を過度に単純化していると批判されている（Copeland, 2015; 澤田，2021など）。今回のロシアのウクライナ侵攻でも，ロシアとEU・西側諸国の間でそのことは明らかであった。

現実は複雑で，経済的に相互依存していることだけでは戦争の抑止力とはならず，資源を禁輸する経済制裁の圧力は，先に指摘したように，互いに「武器」となる。さらに，経済制裁は自国にも跳ね返ってくる。EU諸国は天然ガス（40％），石炭（45％），石油（25％）などロシアに依存しており，それらの輸入を禁止することで，自国の経済や生活に大きな影響が及んでいる*。エネルギー不足の状況で，一時的に石炭火力や原子力発電に頼ることになっており，それはCO_2削減や，再生可能エネルギーへの転換を妨げてしまう現実がある。

> *The Economist, "Are sanctions working"（August 27, 2022）においては，現状さまざまな経済制裁が決定的な打撃になっているとは言えないこと，制裁を行う側も大きな影響を受けること，欧米の制裁に加担しない国が100ヵ国以上あること（世界のGDPの4割），その上で，新しい調達先の確保，自然エネルギーへの移行を早めなければならないと，指摘している。またEU内においては資源依存度の高い国もあり，頭初から禁輸への足並みが必ずしもそろっているわけではない。

したがって将来のエネルギーシステムにとっては，サステナビリティのみならず，安全保障が重要なポイントになる，と指摘されている（Ashraf and Bocca, 2023）。EUでは，ロシアの資源依存

を段階的に減らし，再生可能エネルギーへの転換を早めていくことを決めている（2030年までに40％だった目標を45％に引き上げた）。

今回のロシアの戦争は，持続可能な発展には「平和で安定的な社会」が不可欠であることを改めて知らしめた。戦争や地域紛争への企業の対応，紛争予防，平和構築への企業の役割ということは，近年急速に議論がなされている（Oetzel, et al., 2010; Ford, 2015; Forrer and Katsos, 2015; Miklian, 2017; Miklian, 2019; Miklian, et al., 2019など）。海外からの投資が建設的な効果を生み出すのみならず，進出先の国や地域社会にさまざまな問題やコンフリクトを引き起こしたりしている（Sorens and Ruger, 2014）。とくに問題のある国ではどのようにビジネスを行うか，ビジネス活動による直接・間接のネガティブな影響を減らすこと，さらにより積極的に紛争予防にかかわる取り組みや，紛争・戦争後の復興に貢献すること，CSRと持続可能な発展を平和構築活動につなげていくことが求められている。

その基本原理として，例えば，国連グローバルコンパクトUNGCとSDGsを統合して取り組んでいくことが求められている（UNGC, 2017）。具体的には，企業は進出先の国・地域において，民族，人種，宗教などによる偏見を排除し，労働者の人権を保護し等しく就業の機会を提供すること*，環境保護に取り組み，社会経済的な基盤づくりに貢献すること。

> *例えば衣料産業のPrimarkは，Sustainability Reportとは別にUK Modern Slavery Actを順守し，Modern Slavery Statement 2022を開示している。

さらに地域の中小企業への支援・取引，マイクロファイナンスへの支援，社会貢献活動（寄

付や製品の寄贈，専門的な知識・スキルの支援）
なども意義がある。

　企業はこういった課題に，国際機関や地域政
府，国際的な NGO や地域の CSO などステイ
クホルダーと協働して取り組むことで，平和な
経済発展に貢献していくことが期待されてい
る。そしてその社会的インパクトを測り，取り
組み状況を開示するというように，ビジネス活
動を責任あるものにすることで，持続可能な発
展に貢献していくことができる。CEO は，こ
ういった取り組みに積極的にかかわり，社会的
課題に対してソーシャルイノベーションを生み
出すよう，イニシアティブをとることが期待さ
れている。形式的な取り組み（CSR ウォッシュ，
SDGs ウォッシュ）に終始する企業は少なくな
いが，それでは問題やコンフリクトを引き起こ
すことになってしまう。

　企業の腐敗防止については，この 20 年の間
でさまざまな国際的な規範がつくられている。
例えば，1）OECD の外国の公務員への贈賄防
止を目的とする「国際商取引における外国公務
員に対する贈賄の防止に関する条約」（1999）
（OECD, 2014; Transparency International, 2016 参
照），2）UNGC の原則 10 の「腐敗防止」：企
業は強要と贈収賄を含むあらゆる形態の腐敗の
防止に取り組まなければならない（2004），
3）ISO26000 の中核主題 5「公正な事業慣行」
の第 1 課題：汚職防止（2010），4）SDGs 16 番
目の目標「平和と公正をすべての人に」のター
ゲット 5：あらゆる形の汚職や贈賄を大幅に減
らしていくこと（2015）などで示されている。
CSR ウォッシュに終わらせないためには，
CEO が問題の重要さを理解し，積極的に組織
文化の変革をリードすること。さらに法制化に
よる規制のみならず，企業が規律を守りフェア
であることを，消費者や投資家たちがどこまで
市場で積極的に評価するかにポイントがある。

　企業のリスク管理は，基本的にリスク回避，
損失最小化の視点であり，それだけでは社会問
題自体の解決，紛争予防，平和構築には至らな
い。これは児童労働問題の場合でも同じで，サ
プライチェーンから児童労働を排除しても，児
童労働の問題自体は解決しない。その取り組み
には，貧困からの脱出を目指して，両親の仕事
支援，家族の生活支援，子供の教育支援，さら
に企業活動の監視が同時に行われる必要がある
（谷本，2020）。

　問題ある国において紛争勢力にかかわらない
こと，紛争後の平和構築に貢献すること，人道
支援に本業や社会貢献活動としてかかわるこ
と。こういった活動に地域のステイクホルダー
と連携して取り組むことが期待されている。も
ちろん状況によって取り組みの実践や成果は異
なるが，状況分析の上で，特定の利害関係者に
偏らず多様な人々との透明性ある関係を構築
し，共通の関心を見出し，冷静に話し合ってい
く能力が求められる（Anderson, 2008; Miklian,
et al., 2019）。そこでは長期的な視点，信頼関係
の構築，マルチステイクホルダー（政府，国際
機関，NGO など）との協働がキーワードとなる
（Miklian, et al., 2019; Tanimoto, 2019）。

　戦争・地域紛争があった場合，企業はリスク
管理の視点から事業撤退・停止・縮小といった
意思決定を行うことは避けられないが（defen-
sive，市場社会の声への対応），しかしもう一歩
進めて，日々の責任あるビジネス活動や社会貢
献活動を通して，紛争予防や平和構築に少しで
も貢献する積極的で建設的な取り組みを行うこ
とが求められている。UNGC and PRI（2013）
が指摘しているように，ビジネスの成功と地域
社会の平和的発展の間に矛盾はないと言える。

5. ビジネスと ウォウク・キャピタリズム

最後に，ビジネスと近年のウォウク・キャピタリズムの問題を取り上げよう。

大企業はその経済活動：投資，研究開発，雇用，商品・サービスの提供などを通して，意図せずとも社会・政治に影響を与えている。例えば，インターネット，スマートフォン，ソーシャルメディアのサービスは，個人と個人，ビジネス，政治のコミュニケーション・スタイルを大きく変えた。またSDGsへのビジネスの取り組みは，その問題を社会に知らしめたり，問題解決にこれまでにない仕組を生み出すなど影響力がある（谷本，2020）。

さらに今問われているのは，大企業が社会，環境，政治の問題に対してどのような取り組みを行うか，CEOがどのような姿勢をとるか，その発言がもたらす影響力である。これまで企業経営者はビジネスと政治は別だとし，政治的発言を避けることが多かったが，企業の経営政策は，意図せざるとも国内外の人々に影響を与えたり，CEOの不用意な発言が社内外から批判されることもある。そもそも企業の経済活動は，社会，環境，政治と切り離されて存在するわけではないのであるが，ウォウク・キャピタリズム（Woke Capitalism, Woke Corporate Capitalism）と呼ばれる時代においては，CEOのより積極的な発言，姿勢が問われている。

とくにアメリカでは，近年論争になっている問題に関してCEOが意見表明することを求められたり，その問題発言に対しては批判がなされたりしている。気候変動，人種差別 Black Lives Matter，ジェンダー平等，性暴力の廃絶 #MeToo，LGBTQIA＋[*]，人工中絶などの問題に関するCEOの発言について，とくに若い世代の従業員や消費者が反応し，社会的正義を示すことが求められるようになっている。問題発言に対しては，ストライキやボイコットが起きたりするので，CEOは積極的にメディアに対し，自らのまた会社としてのコミットメントを示すことが迫られている。

> [*] LGBTQIA とは，Lesbian, Gay, Bisexual, Transgender, Queer（Questioning）, Intersex, Asexual の頭文字。

アメリカでの歴史的背景を簡単にみておこう。アメリカでは政治的問題に対する市民の関心が高く，1970年代ごろからは，企業の問題行動に消費者や投資家が積極的にボイコットを行ったり，逆の場合はバイコットを行うという市場行動をとってきた。そこには第三者として情報提供を行う NPO や，意見表明するための仕組みづくりをするソーシャルビジネスが支持を受けるという背景がある（谷本，2002）。先に見たように，ベトナム戦争で大きな利益を得ていた企業や，アパルトヘイトの南アフリカで事業を行っていた企業などに対して，消費者や投資家によるボイコット運動がなされてきたが，それらはより良い社会をつくっていくための戦略（economic strategies for a better world，あるいは shopping for a better world）として捉えられてきた。アメリカ人の約半数が political consumer だという指摘もみられる（Baek, 2010）。また Leading Tree の2022年の調査[*]によると，アメリカ人の4人に1人が現在，これまでに買ったことのある商品や企業をボイコットしているという。ボイコットの理由としては，企業の政治献金39％，従業員の扱い34％，社会問題への姿勢33％，政治的立場30％などが挙げられている。

> [*] 2022年4月，アメリカの消費者，全世代2,168人対象。最も割合が高い層は，年収では100,000＄以上の消費者で37％，低いのは

35,000 ＄以下 16％，また世代では Z 世代が 32％，ベビーブーマー世代 20％となっている。https://leadingtree.com/credit-cards/study/boycott-product-company/（2022. 5. 11）

図 2　Disney+ の Tweet

ところで，2022 年 3 月，フロリダでの「ゲイと言うな」法案 Don't Say Gay Bill に対する判決を巡る Walt Disney ＋の CEO Bob Chapek の姿勢に，従業員から批判の声が上がった。彼は問題発言をしたわけではなかったが，その法案に賛同した州議会議員に寄付をしていたため批判がなされた。彼は LGBTQIA ＋に対する従業員の厳しい声に直面し，自身の対応をすぐ謝罪し，Twitter で発信し，政治的立場を開示した。3 月 22 日付のツイート（図 2）で，「Disney ＋は LGBTQIA ＋の従業員，仲間，家族，作家，ファンとともにいる。LGBTQIA ＋の人々の基本的人権を侵害するいかなる法案も非難する」と述べている。

また人工中絶について，アメリカでは論争があり，企業経営者も発言している。1973 年，中絶を禁止する州の取り組みを制約する「Roe v. Wade」裁判の最高裁判決が出た。そこでは，合衆国憲法修正第 14 条は女性の中絶の権利を保障しているという理解が示され，中絶を規制する州の法律を違憲とした。しかしその後もこの判決を反対し，中絶を禁止すべきという議論があり，女性の性と生殖に関する健康と権利（Sexual and Reproductive Health and Rights）を守るべきだという議論と対立している。

女性の健康・下着・生理用品関連企業 7 社（Sustain NATURAL, THINX, LOOM, Dame, CORA, CLARY, fur）の女性 CEO が，2019 年 5 月 21 日ニューヨークタイムズ紙に一面の意見広告 open letter を出した。州によっては中絶の権利を破棄する動きに対して，女性の解放・健康，身体の自己決定権を守るよう意見表明をしている。彼らは，アメリカの企業は長らくこういった問題に発言してこなかったが，それは変えていかなければならない，今は発言する時だ，と主張している（New York Times, May 21, 2019）。

しかしその後，2022 年 6 月最高裁は，合衆国憲法は中絶の権利を保障していないと Roe v. Wade を覆し，論争は激しくなった。

中絶に関する議論は，有色人種や先住民，低所得者の女性の立場の問題も含め，多様な問題がからんでいる。女性のプライバシー，不平等，差別の問題がかかわり，アメリカのみならず，国際的な人権問題として議論されている*。

* Center for Reproductive Rights, "International Human Rights and Abortion: Spotlight on Dobbs v. Jackson Women's Health," Nov. 24, 2021.

企業や CEO はアクティビスト・マーケティングの時代において，こういったテーマについて明確な姿勢を示すべきであると言われている（Forbes, May 21, 2019）。アクティビスト・マーケティングとは，従来のマーケティングのような商品価値の提供にとどまらず，CSR，サステ

ナビリティ革命の時代において，自分たちの価値観や社会的・政治的スタンスなどを明確に示すことでステイクホルダーから支持を得，信頼されることに目的がある。それはブランド・アクティビズムとも呼ばれ，研究も進んでいる（Kotler, 2019; Shetty, et al., 2019; Vredenburg, et al., 2020 など。また https://www.activistbrands.com も参照）。

　ウォウク・キャピタリズムに対しては批判もあり，注意しなければならない。van Tine（2021）は，このような取り組みで資本主義の抱える問題を解決する動きを促進するとは言えず，単に消費者を操作するだけだと「ウォウク・ウォッシュ」Woke Wash を批判する。また Vredenburg, et al.（2020）は，こういった企業の取り組みは消費者を誤った方向に導き，ブランドの資産価値を損なうのみならず，社会変革も損う可能性があると指摘する。

　この種の批判は，コーズ・リレイティッド・マーケティング CRM に対する批判に類似した部分もある。CRM だけで社会問題は解決しないが，大企業のもつマーケティング力やブランド力によって消費者が当該問題を知るきっかけになったり，伝統的なアプローチにとどまらず NPO との協働によって新しい可能性を見出すことには意義がある（谷本，2020）。さらに，近年の動きのように，従業員や消費者の声を無視できなくなってくると，CEO はその政治的スタンスを明確にすることが求められており，真剣に社会の動きを捉える必要がある。

　もちろん，ウォウク・ウォッシュへの批判には注意を払わなければならない。また企業経営者が世の中を二分する社会的・政治的問題にそのスタンスをはっきりさせることは容易ではない。あくまで自社にとって，またそのステイクホルダーにとって，どのような意味があるの

か，影響を受けているのかあるいは与えるのかが判断のポイントとなる。企業は従業員や消費者などとの関係の中で立場を明確にしていくこと，そのためにもステイクホルダーとのエンゲージメントが重要となる。社会の雰囲気に乗って発言するのではなく，またあらゆる問題に意見を出すということでもない。自分たちはどのような組織をつくろうとしているのか，どのような社会，コミュニティをつくろうとしているのかを問い直す必要がある。

　ところで，グローバル企業 Benetton は，CSR や CPR がグローバルに議論される前，1990 年頃から社会的・政治的問題に対してラディカルな意見広告を出し，社会的にインパクトを与えてきているユニークな企業である。とくに，エイズ支援，ボスニア紛争反対，人種差別反対，アフリカ支援などさまざまな政治的問題や環境問題についてメッセージを発信し，その広告には商品を登場させないという独自のキャンペーン広告を展開してきた（https://www.benettongroup.com）。

　その中心的な役割を果たしてきた写真家 Oliviero Toscani は，広告は単一文化のまやかしの幸福を描くのではなく，現実の多様な世界の問題をもっと取りあげるべきだし，企業の社会的姿勢を示すものであるべきだ，と繰り返し述べている。世界は，人々の対立，戦争，差別といった問題にあふれており，企業の経済活動に伴う環境破壊，搾取といった問題もあり，企業もわれわれもその責任の一端を負うべきである。広告は社会の倫理，文化を変えることができる，と主張してきた（Toscani の Lecture，『広告批評』No. 230, 1999 年 9 月）。

　Benetton のこういった広告には当初社会のコンセンサスを得にくく，賛否があった。例えば，ボスニア紛争の際，死んだ兵士の血染め

シャツの広告は，あらゆる国で掲載拒否された
が，日本だけが問題視せず掲載した。Becker
(1994)は，広告が社会的・政治的問題に対す
る企業の姿勢を積極的に発信していくものとな
るという Benetton の考え方は，企業と政治の
関係を再定義したと指摘している。

6. 結論と展望

　本稿では，企業と政治・平和にかかわる問題
について，最近の論点を整理しまとめてきた。
そもそも企業は，経済的な主体であるのみなら
ず社会的・政治的な主体でもあり，企業と政治
のかかわりは切り離せない課題である。近年，
地政学的リスクが大きな経営課題となるなか
で，企業としてどのように戦略決定を行うか，
あるいは CEO が政治的テーマにどのようにそ
のスタンスを示すか，改めて企業と政治，企業
の政治的影響力と責任の問題が問われている。
経営環境の変化で，CSR と同時に CPR も求め
られ無視できなくなっている。社会的・政治的
課題に対面した時，従来のようなリスク管理の
視点のみならず，さらにそこで問われている問
題そのものにどうかかわるか，ということも重
要な課題として問われている。

　まず伝統的なリスク管理の視点から。今回の
ロシアの一方的な軍事侵攻に対しては，市場社
会が早くから明確に反応したこともあり，多く
の企業は意思決定をしやすかったかもしれない
が（それでも経済的・政治的困難さに直面し，立
場を明確にしきれない企業も少なくない），世論
が二分するようなテーマではそれは容易ではな
い。

　企業は事前にルールを定め，地政学的リスク
へのマネジメント戦略をたて，BCP（Business
Continuity Plan）をもっておく必要があると指

摘されている。企業は内外の経済的・社会的・
政治的リスクに備え，できるだけ早くその発生
を知り，対応することを求められる。そのこと
でリスク要因を最小化し，ビジネスのレジリエ
ンスを高めることができる。リスクマネジメン
トは，ISO31000 で典型的に示されているよう
に，リスクを特定し，分析し，評価した上で対
応することにある。さまざまなリスクにさらさ
れる企業にとって，BCP を立て，BCM（Business
Continuity Management）を実行できる体制を
整えておくことは重要である（例えば，BSI：
British Standards Institution が発行している
BS25999 が参考になる）。

　それでも想定を超える厳しい状況に直面する
と，計画を修正しながら対応が求められるとい
う難しさがある。これまでになかった新しい問
題については，ステイクホルダーとのエンゲー
ジメントを通して議論し，方向を定めていくこ
とも必要である。

　コロナ禍やロシアの軍事侵攻を経験し，グ
ローバル企業は国際的なサプライチェーンを見
直すことを進めているが，その判断基準はコス
トや効率性のみならず，レジリエンスが重要で
あると，2023 年の World Economic Forum に
おいても議論されていた（WEF では，より広い
文脈で Resilience for sustainable and inclusive
growth として議論された）。

　さらに，こういったリスク管理の視点だけで
はなく，「企業と社会」の視点から，問われて
いる社会的・政治的問題自体に積極的に取り組
んでいくことも求められるようになっている。
図 3 を参照。問題ある国・地域から撤退を決め
る場合も，責任ある取り組みが求められる。ど
こにどのようにその事業や株式を売却し撤退す
るか，残された労働者はどう扱われるか，地域
の経済はどうなるか，という問題の検討が迫ら

図3　二つの視点

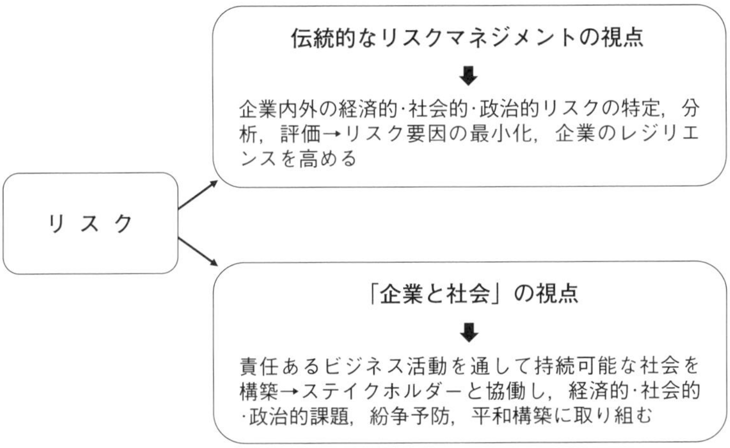

リスク

伝統的なリスクマネジメントの視点
↓
企業内外の経済的・社会的・政治的リスクの特定，分析，評価→リスク要因の最小化，企業のレジリエンスを高める

「企業と社会」の視点
↓
責任あるビジネス活動を通して持続可能な社会を構築→ステイクホルダーと協働し，経済的・社会的・政治的課題，紛争予防，平和構築に取り組む

れる。さらに売却先の企業や投資家が，これまでどのような事業展開をしてきたかの確認も重要である。軍事侵攻を支持する国また人権保護に熱心でない企業に渡ると，先にみた Telenor のように新たな問題が起こるため，制約された状況の中で難しい意思決定が求められる。

　さらに持続可能な社会の構築に貢献するため，責任あるビジネス活動を通して，経済，社会，政治の課題，さらに紛争予防や平和構築に，ステイクホルダーと協働して積極的・建設的に取り組むことが期待されている。

　Patagonia の創業者 Yvon Chouinard は，われわれは「環境面での取り組みを加速するため，政治に直接影響を与えなければならない」と述べている（日本経済新聞，2023. 1. 18）。企業は市場においてそのゲームのルールに規定されるだけではなく，相互関係性の中でルールを形づくり進化させている面があることを，われわれは考えていく必要がある（Tanimoto, 2004; Winston, et al., 2022）。

　今後明らかにしなければならない研究課題はたくさんある。例えば，政治的に責任ある企業の特性，市場社会へのインパクト，その経済的

パフォーマンスを調べること（関連した研究に Sonnefeld, et al., 2022a などもある）。企業の政治的活動や CEO の政治的発言が，市場社会に及ぼすインパクトやレピュテーションを調べ，マネジメント上の課題を明らかにすること（Khishtovani and Pirveli, 2012; Lyon, et al., 2018; Winston, et al., 2022 などもある）。また消費者が企業の社会的・政治的問題に対してどのように反応するか，その特性や市場行動を分析すること（Friedman, 1999; Aguilera, et al., 2007; Baek, 2010; Stolle, 2013 などもある）。さらに平和構築，紛争後の社会再構築に企業がどのように貢献できるか，またその評価を明らかにすること（Forrer and Katsos, 2015; Miklian, 2019; Ganson, 2019 などもある）。社会的・政治的課題に取り組むマルチステイクホルダー・イニシアティブの仕組みやガバナンスを検討すること（p.3 参照）。そして，これらの活動を積極的にリードしていく責任あるリーダーを育てる教育システムを考えること（Kolb, et al., 2017; Fröhlich and Berivan, 2020; Tanimoto, 2023 など）。こういった研究を積み重ねることで，企業活動と社会，政治にかかわる理論上の課題や実務上の課題が明らかにされよう。

最後に，戦時下でもビジネスを続けるウクライナの現地企業は，就業の場であると同時に，働く人々の心のよりどころも与えているという報道がある（日本経済新聞, 2023. 2. 24）。こういった企業の役割を考えていくことも重要である。

〈参考文献〉

Aguilera, R. V., Rupp, D. E., Williams, C. A., and Ganapathi, J. (2007) Putting the S back in corporate social responsibility: A multilevel theory of social change in organizations, *The Academy of Management Review*, Vol. 32, No. 3, pp. 836-863.

Anderson, M. (2008) "False Promises and Premises? The Challenge of Peace Building for Corporations," in O. F. Williams (ed.), *Peace Through Commerce: Responsible Corporate Citizenship and the Ideals of the United Nations Global Compact*, University of Notre Dame Press, pp. 119-132.

Ashraf, M. and Bocca, R. (2023) "Making the future energy system secure means making it sustainable," WEF (World Economic Forum). (https://www.weforum.org/agenda/2023/01/davos23-energy-transition-security-sustainability-whitepaper/)

Baek, Y. M. (2010) "To buy or not to buy: Who are political consumers? What do they think and how do they participate?," *Political Studies*, Vol. 58, No. 5, pp. 1065-1086.

Bahoo, S., Alon, I., and Paltrinieri, A. (2020) "Corruption in international business: A review and research agenda," *International Business Review*, Vol. 29, Issue 4, pp. 1-24.

Barney, J. B. (2018) "Why resource-based theory's model of profit appropriation must incorporate a stakeholder perspective," *Strategic Management Journal*, Vol. 39, Issue 13, pp. 3305-3325.

Becker, C. (1994) *The Subversive Imagination: Artists, Society & Social Responsibility*, Taylor & Francis.

Cleveland, M., Favo, C. M., Frecka, T. J., and Owens, C. L. (2010) "Trends in the International Fight Against Bribery and Corruption," *Journal of Business Ethics*, Vol. 90, pp. 199-244.

Copeland, D. C. (2015) *Economic Interdependence and War*, Princeton University Press.

Drutman, L. (2015) *The Business of America is Lobbying: How Corporations Became Politicized and Politics Became More Corporate*, Oxford University Press.

Epstein, E. M. (1969) *The Corporation in American Politics*, Prentice-Hall.

Evenett, S. and Pisani, N. (2022) Less than Nine Percent of Western Firms have Divested from Russia, *SSRN*, 16 pages.

EY (2022) Geostrategic Outlook.

—— (2023) Geostrategic Outlook.

Ford, J. (2015) "Perspectives on the Evolving 'Business and Peace' Debate," *Academy of Management Perspectives*, Vol. 29, No. 4, pp. 451-460.

Forrer, J. J. and Katsos, J. E. (2015) "Business and peace in the buffer condition," *Academy of Management Perspectives*, Vol. 29, No. 4, pp. 438-450.

Fransen, L. (2012) "Multi-stakeholder governance and voluntary programme interactions: legitimation politics in the institutional design of corporate social responsibility," *Socio-Economic Review*, Vol. 10, No. 1, pp. 163-192.

Freeman, R. E. (1984) *Strategic Management: A Stakeholder Approach*, Pitman.

Friedman, M. (1962) *Capitalism and Freedom*, University of Chicago Press.

—— (1970) "The Social Responsibility of Business Is to Increase Its Profits," *New York Times Magazine*, September 13.

—— (1999) *Consumer boycotts: Effecting change through the marketplace and the media*, New York: Routledge.

Friedman, T. L. (2005) *The World is Flat: A Brief History of the Twenty-first Century*, Farrar, Straus and Giroux.

Fröhlich, E. and Berivan, K. (2020) "The Necessity of Sustainability in Management Education,"『企業と社会フォーラム学会誌』第9号, pp. 20-32.

Ganson, B. (2019) *Business and Peace: A need for new questions and systems perspectives*, Routledge.

Gitsham, M. and Page, N. (2014) "Designing effective multi-stakeholder collaborative platforms: learning from the experience of the UN global compact LEAD initiative," *SAM Advanced Management Journal*, Vol. 79, No. 4, pp. 18-28.

Hirschland, M. J. (2006) *Corporate Social Responsibility and the Shaping of Global Public Policy*, Palgrave.

Johnson, C. A. (1982) *MITI and the Japanese Miracle: The Growth of Industrial Policy, 1925-1975*, Stanford University Press.

Khishtovani, G. and Pirveli, E. (2012) "Corporate Political Responsibility (CPR) and its Impact on Companies' Financial Performance: The Case of the Georgian Insurance Sector," *IDFI (Institute for Development of Freedom of Information)*, Working Paper.

Kolb, M., Fröhlich, E., and Schmidpeter, R. (2017) "Implementing Sustainability as the New Normal: Responsible Management Education—From a Private Business School's Perspective," *The International Journal of Management Education,* Vol. 15, Issue 2, pp. 280–292.

Kotler, P. (2019) *Advancing the Common Good: Strategies for Businesses, Governments, and Nonprofits*, Praeger Pub Text.

Laine, M., Tregidga, H., and Unerman, J. (2021) *Sustainability Accounting and Accountability, 3rd ed.*, Routledge.

Leamer, E. E. (2007) "A Flat World, a Level Playing Field, a Small World After All, or None of the Above? A Review of Thomas L Friedman's *The World is Flat*," *Journal of Economic Literature*, Vol. 45, No. 1, pp. 83–126.

Lee, D. S. and Glosserman, B. (2022) "How Companies Can Navigate Today's Geopolitical Risks," *Harvard Business Review*, Nov 28. (https://hbr.org/2022/11/how-companies-can-navigate-todays-geopolitical-risks)

Lyon, T. P., Delmas, M. A., Maxwell, J. W., Bansal, P., Chiroleu-Assouline, M., Crifo, P., Durand, R., Gond, J-P., King, A., Lenox, M., Toffel, M., Vogel, D., and Wijen, F. (2018) "CSR Needs CPR: Corporate Sustainability and Politics," *California Management Review*, Vol. 60, No. 4, pp. 5–24.

Miklian, J. (2017) "The Dark side of New Business: How International Economic Development in Myanmar Helped Accelerate One of the Most Vicious Ethnic Cleansing Campaigns of the Past 50 Years," *Harvard International Review*, Vol. 38, No. 4, pp. 19–22.

—— (2019) "The Role of Business in Sustainable Development and Peacebuilding: Observing interaction effects," *Business and Politics*, Vol. 21, Issue 4, pp. 569–601.

——, Alluri, R. M., and Katsos, J. E. (2019) *Business, Peacebuilding and Sustainable Development*, Routledge.

OECD (2013) Evaluating Conflict Prevention and Peacebuilding.

—— (2014) OECD Foreign Bribery Report: An Analysis of the Crime of Bribery of Foreign Public Officials.

Oetzel, J., Westermann-Behaylo, M., Koerber, C., Fort, T. L., and Rivera, J. (2010) "Business and Peace: Sketching the Terrain," *Journal of Business Ethics*, Vol. 89, No. 4, pp. 351–373.

Ostrom, E. (1990) *Governing the Commons*, Cambridge University Press.

Ouchi, W. G. (1984) *The M-Form Society*, Addison Wesley Publishing Company.

Ruggie, J. G. (2008) Promotion and Protection of All Human Rights, Civil, Political, Economic, Social and Cultural Rights, Including the Right to Development; Protect, Respect and Remedy: A framework for Business and Human Rights, UN Human Rights Council.

Shetty, A. S., Venkataramaiah, N. B., and Anand, K. (2019) "Brand Activism and Millennials: An Empirical Investigation into the Perception of Millennials towards Brand Activism," *Problems and Perspectives in Management*, Vol. 17, Issue 4, pp. 163–175.

Sonnenfeld, J. A., et al. (2022a) "It Pays for Companies to Leave Russia," Working Paper, Yale Chief Executive Leadership Institute.

——, et al. (2022b) "Business Retreats and Sanctions Are Crippling the Russian Economy," Working Paper, Yale Chief Executive Leadership Institute.

Sorens, J. and Ruger, W. (2014) "Globalisation and intrastate conflict: An empirical analysis," *Civil Wars*, Vol. 16, pp. 381–401.

Stolle, D. (2013) *Political consumerism: Global responsibility in action*, NY: Cambridge University Press.

Taka, M. (2016) "Emerging Practice in Responsible Supply Chain Management: Closed-Pipe Supply Chain of Conflict-Free Minerals from the Democratic Republic of Congo," *Business and Society Review*, Vol. 121, No. 1, pp. 37–57.

Tanimoto, K. (2004) "Changes in the Market Society and Corporate Social Responsibility," *Asian Business & Management*, Vol. 3, No. 2, pp. 151–172.

—— (2009) "Structural Change in Corporate Society and CSR in Japan," *Corporate Social Responsibility in Asia*, ed. by K. Fukukawa, Routledge.

—— (2019) "Do Multi-Stakeholder Initiatives make for better CSR?," *Corporate Governance: The international journal of business in society*, Vol. 19, No. 4, pp. 704–716.

—— (2023) "Corporate Social Responsibility and Responsible Leadership Education," in M. John and J.

Segalas (eds.), *A Noble Education: Sustainability Knowledge and Understanding in the 21st Century*, Taylor Francis, (forthcoming).

Transparency International (2016) Transparency in Corporate Reporting: Assessing Emerging Market Multinationals.

UNDP (2022) Heightened Human Rights Due Diligence for Business in Conflict-Affected Contexts: A Guide.

UNGC (2017) Making Global Goals Local Business: A New Era for Responsible Business.

—— and PRI (2010) Guidance on Responsible Business in Conflict-Affected and High-Risk Areas: A Resource for Companies and Investors.

—— and PRI (2013) Responsible Business Advancing Peace: Examples from Companies, Investors & Global Compact Local Networks.

UNHRC (2018) "Report of the Independent International Fact-Finding Mission on Myanmar," September 2018 A/HRC739/64, New York: United Nations.

van Tine, S. (2021) "The Problem of Woke Capitalism," McManus, M. (ed), *Liberalism and Socialism*, Palgrave Macmillan, pp. 217-232.

Vogel, D. (1978) *Lobbying the Corporation: Citizen Challenges to Business Authority*, Basic Books.

Vredenburg, J., Kapitan, S., and Kemper, J. A. (2020) "Brands Taking a Stand: Authentic Brand Activism or Woke Washing?," *Journal of Public Policy & Marketing*, Vol. 39, Issue 4, pp. 444-460.

Whelan, G. (2017) "Political CSR: The Corporation as a Political Actor," in Rasche, A., Morsing, M., and Moon, J. (eds.), *Corporate Social Responsibility*, Cambridge University Press.

Wilson, G. K. (1990) *Business and Politics: A Comparative Introduction*, Palgrave Macmillan.

Winston, A., Doty, E., and Lyon, T. (2022) "The Importance of Corporate Political Responsibility," *MIT Sloan Management Review*, October 24. (https://sloanreview.mit.edu/article)

Wolferen, K. van (1989) *The Enigma of Japanese Power: People and Politics in Stateless Nation*, Macmillan.

岡崎哲二（1993）「日本の政府・企業間関係—業界団体－審議会システムの形成に関する覚え書き—」『組織科学』第26巻第4号，pp. 115-123。

岡田正大（2022）「ステークホルダー経営資源論によって分離命題は解消されるか」『企業と社会フォーラム学会誌』第11号，pp. 18-36。

小林俊治（1992）「企業の政治戦略に関する一考察—アメリカの企業を中心として—」『組織科学』第26巻第1号，pp. 33-43。

佐伯啓思（1991）『市場社会の経済学』新世社。

澤田寛人（2021）「経済的相互依存と戦争—理論の整理と解説」『NIDSコメンタリー』第173号，防衛研究所。

谷本寛治（2002）『企業社会のリコンストラクション』千倉書房。

——（2020）『企業と社会—サステナビリティ時代の経営学』中央経済社．

福田泰雄（2001）「政・官・財の癒着と国民生活」『一橋大学研究年報 経済学研究』43，pp. 115-170。

第 11 回年次大会抄録

デジタル・トランスフォーメーション(DX)による
社会的価値の創出
—持続可能性(SD)実現におけるデジタル技術の役割

（本稿は，2022 年 9 月 1 日，2 日にハイブリッドで開催された第 11 回 JFBS 年次大会での基調講演，プレナリーセッション 1 そして企画セッションの報告内容をまとめたものである。）

1. 年次大会基調講演サマリー

1-1. 基調講演 1 「命輝く未来社会への共創」
宮田　裕章

（慶應義塾大学医学部教授，東京大学医学系研究科特任教授，大阪大学医学部招聘教授）

(1) 経済価値一辺倒からの転換

　新型コロナの世界的まん延やロシアによる侵攻という大きな変化を背景に，世界経済フォーラムは「The Great Reset（グレート・リセット）」イニシアティブを始動します。人類は産業革命以降，経済価値・経済合理性で評価できる要素を過剰に重んじてきましたが，それをより多様な尺度で捉えようとする活動がこのグレート・リセットです。デジタル技術の発達によって，これまでは経済的価値として表現できなかった価値を可視化し，実感し，人と人，人と世界のつながりがより明確になってきたのです。

　昨今の「Black Lives Matter（黒人の命は大事だ）」という運動の背後には，データが明らかにした「健康の社会的決定要因」があります。運動自体が加速したきっかけは一連の警官による暴行事件，直近ではジョージ・フロイド氏への事件などです。その一方で，遺伝子的にはほぼ違いがない人種間で，アフリカ系アメリカ人のコロナによる死亡率が他人種の 2 倍以上だったという事実があります。背景には彼らがコロナ禍の中でもエッセンシャルワーカーとして働き続けなければならなかったこと，診断から治療までのタイムラグの存在，死亡率を上げる高い喫煙率や肥満率（家庭環境による負のサイクルの継続）がありました。家族だけではなく，コミュニティ，公共サービスの力も合わせて子供たちの命は守られなければならない。このようなアフリカ系住民が直面する格差を解決することからアメリカ社会を考え直さなければならない，という運動なのです。こうした新たな改革は格差の問題だけでなく，経済，地球環境，命，教育，平和などさまざまな軸があり，これらの実態を事実（データ）として実感することにより，持続可能な社会を作っていかねばなりません。

　人々の考え方も変わってきています。2020 年に世界経済フォーラムが 26 カ国で行ったアンケート調査（n＝21,104）では 72％の人々が自分の人生に大きな変化が生じることを望んでいますし，86％の人々が世界が大きく変化することを欲しています。そして世界の 10 人に 9 人は，「世界が持続可能で公平な方向に転換する」ことを希望しています（IPSOS 調査，2020 年）。昨今の G20 や G7 のアジェンダをみても，

単に経済成長のために各国間の調整をするのではなく，持続可能な未来を実現するために「経済成長をどう位置づけるのか」，「何に優先順位を置くのか」，を考える時代になりました。そこで経済成長（GDP）に代わる，豊かさの新たな指標として注目されるのが，サルコジ政権下のフランスでスティグリッツが提唱した Well-being です。

(2) デジタル技術の重要性

　農業革命，工業革命，産業革命，情報革命と社会が進化してきたなかで，現代の情報技術は新産業の生成のみならず，社会の在り方や民主主義の在り方・仕組に影響を与えています。AI，データ，メタバース，Web3 といった技術や考え方の下で人々がつながっていく。デジタル革命が進んでいく。変化の第 1 陣はすでに皆さんご存じの GAFA をはじめとするプレーヤーで，これらの「データ・メジャー」の時価総額は，2010 年前半に「オイル（石油）・メジャー」の時価総額を超えました。こうした時代の転換点で新しい技術に基づく新産業を創れるかが非常に重要になってきています。日本ではデジタル庁が創設されましたが，これはスタートラインに立つ第一歩に過ぎず，世界との差は縮まっていません。一つ調査をご紹介すると，テレワーク（オンラインによる在宅勤務）の生産性に関して，米国では 85％の勤務者が「会社での勤務と同等かより生産的」と答えたのに対し，日本では勤務者は 18％，企業の回答は 7.8％です。真逆の結果が出ています。この背景を明確に示す要因の一例がコロナ禍の前に行われた OECD の調査です。「日常的に情報通信技術を使っているか」という問いへの中等教育の教員の回答を見ると，全 31 カ国中トップがデンマークの 90％，最下位が日本の 18％です。長らく日本の教育現場では，情報技術は使

わなくてよいもの，邪魔なものとして遠ざけてきてしまった。ここでよく議論に出るのが対面か遠隔かという二元論です。この二つで比較すれば，それは対面の方が良いに決まっています。そのような単純な問題ではない。本来教育とは何なのかを考えねばならない。

(3) 教育・企業活動を変えるデジタル技術

　教室に一堂に会して 3 密の状態に生徒を押し込め，知識の詰込みを同じレベルで行うことが本当に良いのか。例えば，数学のクラスで生徒の能力にばらつきがあるとすると，下のレベルに合わせて教えれば，上のレベルの生徒は時間が有効に使えない。それは逆も同じです。すでに民間企業のリクルートからは個々の生徒の進捗度に合わせて個別管理をするプログラムができています。子供たち一人ひとりが豊かに生きるために何をどのように学べばよいのか。ここに時間を使うのが教育なのではないでしょうか。つまりここで考えるべきはデジタルかアナログかの二元論ではなくて，デジタルという新たな選択肢を得ることによって，われわれが新しい未来を切り拓けるかどうかです。

　今後は企業が提供する「体験価値」も大きく変わっていくでしょう。先行する中国や米国の事例が参考になります。例えば，これまでの生命保険は，うまく契約をとってくるところまでが大事で，契約が取れたらあとは解約を避けるために少し距離をとってあまりうるさく顧客に接触しないというようになりがちでした。しかし中国平安保険は，「本当にそうなのか」という問いを立てました。彼らは，生命保険は「契約してからが本番だ」と考えた。グッド・ドクターというアプリを作り，病気になったら症状に合わせて最善の医師・医療機関を紹介し，元気になって家に帰る。あるいは病気になる前，楽しく運動し，適切においしいものを食べるこ

とによって病気そのものにならない。これは契約者本人にとって良いだけでなく，保険会社にとってコストになる保険金支払を減らすことにもなります。さらに疾病負荷という社会的観点からも望ましいことです。まさに三方よしのビジネスです。この会社は世界最大の生命保険会社に成長しました。これが意味するところは，デジタルによって人や社会，世界がつながる状況においては，持続可能性を目指していくビジネスでないと許されなくなってきている，ということであり，そこでカギとなるのが顧客本位の価値体験だということです。江戸時代末期の日本も，鎖国下で逃げ場のない3千万人が閉じられた社会の中で，三方よしの原則が育まれた。今の世界もつながりが強くなっています。

　この変化は金融にも来ています。アリババ傘下のアント・フィナンシャルの例です。公共料金の支払履歴データを既存の取引データと組み合わせることで，商取引での貸し倒れリスクが10分の1に減少したと言われています。ここで重要なのが，デジタルで可視化されるお金の流れと，他の異なるデータが連動して新しい価値を生み出す可能性です。例えば，持続可能な未来，カーボンニュートラルに貢献するようなお金の使い方にはポイントが加算され，環境や社会に負荷を与えるようなお金の使い方にはその負荷分の費用を負担してもらう，というようなシステムが可能になるということです。あるいは岸田政権下で「新しい資本主義」が提唱されています。貯蓄を投資に回せなかった日本は失われた30年を経験してしまった。もしもデジタルマネーを広範に扱える国・社会・コミュニティであれば，お金を貯める以外に，その国の将来の持続可能性につながるような使い方を推奨するようなシステムがデザインできるかもしれない。それがその社会の個々の構成員のレピュテーションにつながる。国が主導する通貨

のみならず，仮想通貨においてもそのようなことが可能になるかもしれない。

　米国の例では，ものづくりそのものが決定的に変わったなと感じさせたのがNetflixの躍進でした。これまでのものづくりは「大量生産・大量消費」という原則の中にありました。これは映画においても同じで，映画館を満員にするにはどうしたらよいか，周囲十数キロの潜在顧客にまんべんなく人気をとる，という仕組みの中で映画が作られてきました。それが全世界の人たちが直接つながる仕組みの中でデータを活用することにより，たとえニッチであったとしても，ビジネスとして回るようになった。例えば，すし職人の研ぎ澄まされた感性とか，LGBTQの人たちから見た世界など，クオリティさえ高ければ既存ジャンルを超えて顧客のし好に刺さる。大量消費を念頭に標準品つくるのではなく，カスタマイズされた顧客体験をつくる時代にシフトしてきました。

（4）医療におけるデータ活用と進化

　これは医療においても同じです。これまでわれわれは，全世界の人々に効果がある薬を追い求めていました。しかし抗がん剤の世界では，すでに個々の患者さんに効くか効かないかを遺伝子検査のデータによってあらかじめ判定するようになっています。高齢者と一口に言っても，60代，70代，80代でも違いがあります。これまで治療歴も人それぞれです。それによって治療で配慮すべき事項も違う。また，診断を受けた病院に該当する疾病を治療する専門医がいるのかいないのか，あるいは診断後の治療を自宅で行う場合の支援が周囲にあるのかないのか。これらによって，いつどこで誰から診断や治療を受けるのか，その最善の解が人によって異なってくる。

　つまり，ユニバーサル（普遍的・標準的）な

製品を作ってそれで顧客を集める，またはそこに顧客がはまりに行くだけではなく，個別性に配慮したなかで，最善の顧客体験をどう作るか，を考える必要があります。製薬会社でいえば，例えば睡眠薬であれば，単に製品自体の知財を取得して売るだけでなく，IoT（Internet of things）を駆使して，その薬をどのような患者がどのような薬をどのように服用すると最善の効果が得られるのかを，測定データを元に提案することに付加価値が生まれるようになってきています。

(5) 最大"多様"の最大幸福へ

これまでの経済原則は，ベンサムの「最大多数の最大幸福（The Greatest Happiness of the Greatest Number）」とされてきましたが，これからはそれだけでなく，「最大"多様"の最大幸福（The Greatest Happiness with Diversity and inclusion）」が大切になっていくでしょう。河野太郎氏が行革大臣時代から取り組んできたシングルマザーの貧困問題。これは私もお手伝いさせていただいているのですが，これは「日本は平均的な生活を営めている人たちには，それなりに優しいが，そこからこぼれ落ちた瞬間に非常に厳しくなる」という問題の解決です。

夫婦が離婚を選択した場合，多くの場合，乳幼児や児童の親権は女性にきて（2017年度では約85％），離婚後に子育てをする女性の半数が非正規雇用というデータがあります。これら離婚・扶養・非正規の三つが重なったとき，子の養育時間と収入を得る時間が重複して非常に苦しくなる。その時に親が持病や病気に罹患したらどうなるか。生活が回らなくなります。支援は足し算型でデザインされていますが，実際の苦しみは複数の要因が掛け算で強化されてしまう。そこで雇用，医療，税，福祉等のデータを集めて個々のケースに最適な支援を行うこと

で，こうした複合要因による掛け算の苦境を救うことができるようになる。

むろん日本にも生活保護という制度がありますが，多くの場合この制度は貯金が尽き果ててから始まる。これでは，子育て世代の女性には立ち上がる力がなかなか残されていない状況が現実に生じます。子供たちの未来も奪われる。もっと手前からこの支援が始められないか。今，マイナンバーによって検診データが使えるようになってきています。それによって，出生時体重で補正した身長体重の成長曲線が個別に予測できます。これが下に外れてきた場合に何が起こっているのか。虐待なのか，健康問題なのか，貧困かもしれない。こうしたより早いタイミングで兆候を察知して寄り添うことができれば，状況は変えられるだろう。今までは，よくできた民生委員さんにたまたま恵まれた地域でなければそうしたことができなかった。こうしたデジタル環境が整っていれば，追加コストなく，一人ひとりを支えることができるでしょう。これが「最大"多様"の最大幸福」と呼んでいるものの一つの事例です。

先に述べたように，先行するシリコンバレーや中国のあとを追うだけでは，その差はどんどん開くばかりです。日本ならではの未来，つまりこの局面から改革を始めるからこそ可能な領域を見据えて，これからの社会を形作っていくことが一つの可能性でしょう。

(6) データはだれのものか

ここまで述べてきた改革を進める際に重要な問題となるのが，データは誰のものか，ということです。まずデータ駆動型社会の第1段階では，中国や米国が成功を収めました。データは国のもの，データは企業のもの，という考え方です。これが生み出す弊害としては，企業はアル中の人にさらにアルコールを飲ませる，なぜ

なら儲かるから。また，投票行動を変えさせる
ため，個々人をプロファイリングして刺さる
フェイクニュースを流す。また国がデータを
握っていると，最小不幸（誰の目から見ても不
幸な状態）を取り除くことには有効でも，その
先の多様で豊かな幸せを追求する自由を確保す
るのは困難だろうと思われます。

　第2段階は，EU が提唱している，「21 世紀
の新しい基本的人権：一人ひとりを軸にした
オープンなデータ活用，データアクセス権の確
立」という考え方です。GDPR（EU 一般データ
保護規則）の運用で欠けていたのが「データは
人々のものだ」という前提。20 世紀の石炭や
石油であれば人がそれを使えばなくなるので，
排他的に所有する。「これは私の石油です」
と。それをめぐる競争も生じる。データの場合
は違います。一人がデータを提供して 10,000
人分のデータが 10,001 人分になれば，その
10,001 人が享受できるサービスはよりよくな
る。つまり共有するなかで新しい価値を生み出
すことが可能になる。むろんこれからもゼロサ
ムの競争という側面も残っていくでしょうが，
共有できる資源であるデータを活用して価値を
共創することも社会の重要な側面になるでしょ
う。これが，世界全体が向かっている Web3
（ウェブスリー）の時代です。私も 5 年前から
人々のより豊かな未来のために，介護・医療を
中心にした多様なデータを「つくり，つなぎ，
ひらき，つかう」PeOPLe（People-centered
Open Platform for well-being）という仕組みを
提案しています。

　こうした変化のなかで，GAFAM といった
テックジャイアントも考えを変え始めていま
す。一人ひとりのユーザーにデータアクセス権
が与えられ，それが自覚されている下で，デー
タ活用への信頼を得ていかねばならない。例え
ば，アップルは 2019 年からヘルスサービスに

注力してきています。これまでの医療では，
人々が健常状態から健康を損ね，病気になり，
それが進行して病院にかかるあたり，つまり病
状遷移プロセスの後半あたりからデータ化が始
まります。そうじゃなくてもっと手前からスマ
ホを使って「生きることすべてを支える力にな
れるんだ」ということにヘルス領域がなってき
ている。もっと手前から発見できることで治す
可能性が高まる。例えば，サルコペニア（高齢
化に伴う筋肉量の減少）の先行指標の一つであ
る「平均歩行速度」を見てみると，秒速 1〜
0.8m を下回ると一気に死亡率が上がります。
これまではこの閾値だけを見ていたんですが，
ここで発見してももう改善は難しい。実はもっ
と手前から下がってきているんです。その手前
の段階であればまだ改善の余地がある。その情
報は今，スマートフォンに蓄積されています。
例えば，アップルヘルスケアの「詳細」をク
リックすれば，その日のすべての歩行を平均し
た速度が出てきます。アンドロイドでも同様で
す。これをうまく活用すれば，楽しく歩きなが
ら健康になる，ポケモン GO のようなサービス
があり得る。

　ヘルスケアだけでなく，モビリティ，ペイメ
ント，融資，保険においてもデータ活用はます
ます盛んになります。しかしもう一つ重要なこ
とは，それら個々の分野が横断的につながって
いくということです。

　例えば，データの捕捉や共有にとって重要な
エネルギーは電気ですが，電気自体はその場に
おいておけない。それには電池が必要です。す
でにトヨタの時価総額を超えたテスラ社の創業
者イーロン・マスクは，「電池を最も効率よく
進化させる産業が電気自動車だ」，ということ
で EV に目を付けたといわれています。非常時
の電源としてなど，エネルギー共有の媒体とし
て EV を活用していくことができるかもしれな

い。さらに EV と自動運転を主体としたモビリティをインフラにする新たな街づくりをすれば，家を一歩出たところから，自動運転の移動手段の中で仕事が始められるかもしれない。さまざまな領域が横断してつながる新しい産業が生まれる余地があります。

（7）持続可能性と Well-being の調和

Well-being は確かに重要ですが，それを独りよがりで追求してしまっては，世界を蝕んでしまう恐れがある。コロナにしても一人の行動が社会全体に影響を及ぼす。食べること一つをとっても，それは生体活動として自分に必要なエネルギーを取得することであると同時に，過剰摂取は病気を呼び，それは社会的負荷にもなり得る。あるいは食べ物の出自はどこか。地産地消で地域を豊かにする食べ物もあれば，途上国を搾取し続けるものもある。また食べること自体はフードロスやプラスチックごみという環境負荷を生み出す。食べること一つでもさまざまな未来とつながっていくんですね。私自身はこれを「Better Co-being」と呼んでいます。つまり，単体の Well-being だけでなく，Co-being，つながるなかで互いがどのように豊かな未来を目指していくことができるか，を考える必要があります。

これから先の未来で何が変化するのか，一つは人と人，人と世界のつながり方です。産業革命以来，われわれは経済合理性追求の下で労働を捧げ，社会の歯車として生きることが世界だと思ってきました。しかしこれからは一人ひとりがどう生きるかが先にあって，これを響き合わせるなかで新しいコミュニティ，社会をつくっていく。つまり Human being から Human co-being へ。こうした考え方が，これからの経済，コミュニティのつくり方につながっていくと考えています。

1-2. 基調講演 2「日本企業の DX（デジタル変革）：Case study 富士通株式会社」

福田　譲

（富士通株式会社 執行役員 Executive Vice President, CIO（最高情報責任者），CDXO（最高デジタル変革責任者）補佐）

宮田先生のお話をとても興味深く伺いました。多様なものが，とてつもないマグニチュードで変わり始めているわけです。そのような時代に日本企業はどう適応しようとしているのか。もがいているのか。所属企業を題材に申し述べたいと思います。

（1）3つのポイント

このお話のポイントは以下の三つです。
1) 全世界，すべての産業に及びつつある DX を経営としてどのように正しく理解し向き合うのか
2) 今まで四半世紀にわたって，根本的な経営改革の完遂に至っていない日本企業が，DX にどのように取り組むべきか
3) 富士通の全社 DX プロジェクト，『フジトラ（Fujitsu Transformation）』を日本版 DX の事例としてご紹介する

（2）DX を経営としてどう理解し向き合うか

Amazon，テスラ，トヨタは一体何業界でしょうか？まず Amazon。クラウドサービス業界（B2B）最大手であり，書籍 EC であり，プライムでは映画から音楽まで提供（B2C）している。今や「○○屋さん」と一言で呼べなくなっている。次にテスラ。彼らは「わが社は自動車産業ではない」と言い切っています。先日も小型の発電機をリリースしました。自社を「エネルギー業界のイノベーター」と表現しています。果たして日本の電気・ガス業界のトッ

プのどれだけがテスラが競合だと気づいている
のか。そしてトヨタがまち（都市：Woven
City）をつくる時代。もはや旧来の同業他社を
見て仕事をしていればよい時代ではない。業界
の垣根を越えて破壊（disruption）が行き来す
る時代です。デジタル技術によって既存の競争
のルールが根本的に変わり，日本企業が得意な
漸増的改善ではなく非連続な革新が起こってい
ます。

図1で整理します。縦軸はフィジカルの競争
軸，横軸はデジタルの競争軸です。デジタル革
命以前は左半分の世界です。既存企業の中で，
物理的な資産や物質的な能力（研究開発力，生
産力，営業力等々）の強い企業が競争に勝つ世
界です。富士通を含めた比較的競争力のある企
業は左上の①にいます。ここ最近の 20 年で横
軸が加わりました。右下の②は生まれながらに
デジタルの企業群です。GAFAM らです。今
やこれら②の企業が巨大化して，①を買収し始
め，②から③に持ち上がっていっています。一
方，①の企業は，③へ向かう必要があります。
この①から③への間に，①にとっては不慣れ
な，デジタル化がもたらす，わけのわからな

い，どう戦ったら良いかわからない（DX とい
う）壁があるのだと思います。経産省の定義に
よれば，DX とは競争上の優位性を獲得するた
めにデジタル技術の活用と組織・ビジネスモデ
ルの変革を同時に成し遂げることです。今まで
の価値観では理解できない，乗り越えることが
できない，非連続な変化が起こっているなか
で，製品，サービス，業務プロセス，組織の在
り方や企業文化，を変える必要があります。

DX に対する勘違いは，既存のシステムの更
新やクラウドやデータの活用を DX だと理解し
てしまうことです。DX とは，それよりもはる
かに根本的で普遍的な話です。IT の話ではな
い。マッキンゼーによれば，DX の成功確率は
16％だそうです。企業革新の成功率が一般に平
均 30％の中で，DX はさらに難易度が高くなっ
ている。同社によれば，DX の成功への課題
トップ4は，1）シニアマネジメントのフォー
カスと文化，2）デジタル・テクノロジーの理
解不足，3）人材の欠如，そして4）組織。IT
システムの欠如は 5 位に過ぎません。

図1 デジタルによる競争の軸の転換（大会発表スライドより）

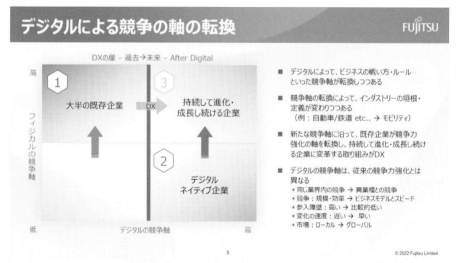

（3）世界の IT サービス市場

　富士通をはじめとする日本の IT 大企業は，無論，日本市場では高いシェア（例えば，富士通は日本市場シェア 13％で首位）ですが，世界市場を見れば当社も 1.7％で 7 位に過ぎません。その世界市場は伸びています。2020 年から 2024 年の年平均成長率は 10％と見込まれています。しかし市場の中身が変わってきています。従来型 IT サービス業は逆に減少し，第 3 のプラットフォーム市場（①モバイル，②ソーシャル技術，③ビッグデータ，④クラウド）が急速に伸張している（図2）。自動車で言うところの売れ筋がエンジン車か EV かという違いに似ています。残念ながら日本企業の大半は，従来型 IT サービス市場には強いんです。弊社の売上で言えば，従来型が 8 割，第 3 プラットフォームが 2 割です。上と下では同じデータや情報でも，技術の質や要素が異なります。自社のビジネスの変容が欠かせません。

（4）フジトラ（Fujitsu Transformation）

　弊社 CEO 時田は，自らが CDXO（最高デジタル変革責任者）を務め，企業のあり方をさまざまに変えていくプロジェクトを立ち上げています。全面的な社内変革プロジェクトとして始まったのが，フジトラです。この実行において気を付けていることは以下の 3 点です。

　第 1 に，DX は社内 IT をどうしようというものではなく，企業の在り方，戦略，ビジネスそのものをどう変えていくか，ということです。よって，<u>経営トップが明確にリーダーシップをとること</u>。

　第 2 に，とはいえ仕事は現場で起きている。特に日本の場合は現場が優秀で勤勉で強いです。よって<u>現場が主役・全員参加</u>が重要です。

　第 3 に，<u>カルチャーそのものの変革を図る</u>。率直に言えば，ちょっと時代についていけなくなってきている。ギャップが生じているので追いつこう，ということです。いったん追いついて終わりではなく，時代や環境の大きなマグニチュードの変化に対して自らを変え続けていく必要がある。むしろリードしていく。新たなものへの挑戦，抵抗なく受け入れ，まずやってみる，アジャイル（柔軟）に物事を変えていく。これらが得意な文化に変わっていく。

　フジトラは図 3 のように 4 階建ての構造に

図 2　世界の IT 市場（大会発表スライドより）

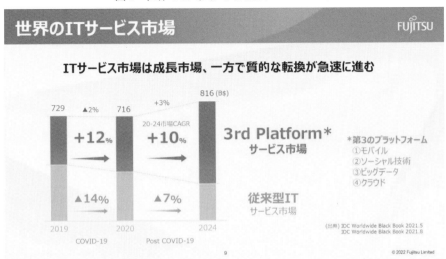

なっています。4 階にあるのが約 10 名の役員によって構成されるステアリングコミッティーです。ここは，下からのお伺いに可否を裁断するようなところではなく，経営陣自らが汗をかき，頭を使い，知恵を絞って行動していくところです。3 階が CEO 室，約 30 名ほどの DX デザイナー（スタッフ）が各種プロジェクトをけん引しています。次に，「現場が主役，全員参加」という意味においては，2 階部分の箱がたくさん並んでいるところが各部門であったり，グループ企業，合わせて 40 部門に 1 人ずつ，計 40 名の DX オフィサーが各部門のリーダーとして指名され，部門や国を越えてグループ全体で変革を推進します。なお，2 階の DXDs と 3 階の DXOs はワインと料理のようにペアリングされています。全社視点と個別部門（現場）視点を両立させながら，テーマに応じて互いの得意技が組みあうようにペアを組みます。1 階部分は DX コミュニティです。社内 SNS に登録する 8,000 名のうち，500 名はフジトラクルーと言って，自発的に業務時間の一部を使ってフジトラの変革の一部に参画してくれています。

どうしても，日本の伝統的な組織では，今までの前例や忖度に惑わされ，生真面目な中間管理職層が今まで通りを継続することになりがちですが，これを打破するメカニズムとしてトップダウンとデジタル技術でつながったボトムアップというメカニズムにしています。

(5) 事業ポートフォリオから見た DX の位置づけ

図 4 をご覧ください。左の S1 と S2 が既存事業とその改善活動，右の G1，G2 が新規事業や非連続の成長を意図する戦略事業です。下の E が事業を支える全社機能です。多くの企業では，過去の成功体験や現在の事業の大半を占め，一番儲かっている左側に組織の重心が傾きがちです。よって E のコーポレート機能も既存の左側を支えるルール，プロセス，IT システムを作ってしまう。そうすると右側はやりにくくてしょうがない。いつまでたっても事業ポートフォリオは変わらない。慣性の法則から抜けられない。

そこで重要なのは，左と右の世界に関わる議論を重ねて，重心を真ん中に持ってくることで

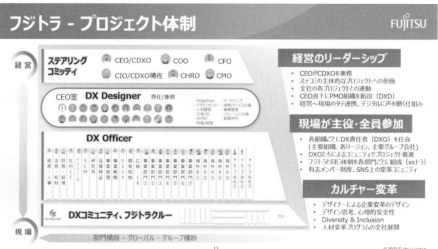

図 3　フジトラの組織体制（大会発表スライドより）

図4　全社ポートフォリオにおける DX の位置づけ（大会発表スライドより）

す。そこでカギになる変革のレバーが，1）パーパスの設定，2）事業戦略の変革，3）データ駆動型マネジメントへの変革，4）IT 活用による日々の業務プロセスや働き方の変革，そして，5）カルチャーそのものの変革です。現在約 150 の変革テーマを立ち上げています。

（6）抜本的な事業ポートフォリオ改革を支える人や組織の制度

当社は，現在 2,000 あるポートフォリオ構成事業を，七つの領域を重点に置き，グローバルに通用する 100 に絞り込もうとしています。それを支える人や組織，カルチャーに関わる制度改革をご紹介します。

第1にジョブ型人事とポスティング（社内公募制）への切り替えです。そこで原理原則にしているのが自律と信頼です。今までは伝統的に「労使は一心同体」という共同体原則でした。社員は忠誠心を以て労働を会社に提供し，会社は長期にわたって社員を守る，という考え方です。そうではなくて，まず会社も個人も自律しましょう，ということです。お互いに依存も命令もしない。信頼し合う対等なパートナーと考

える。厳しくも信頼し合うことにより，従来通りの一心同体と同じ力を保つ。となれば必然的にポスティングです。会社が「あなたの仕事は○○です」と命じるのではない。日々働く場所も社員個人が決める。また，ワーケーション，副業，移住の応援制度も作りました。フルモデルチェンジです。一方で，社員も，会社にぶら下がっていればどうにかなる，ということは通用しなくなります。昇格も申告と競争によって決まります。今年はポスティングが全社員に適用されたので，年間で 4,000〜5,000 ほどのポジションがポスティングによって動きます。

第2に評価制度（Connect）です。特にジョブグレードが若い世代については，「あなたはどんな新たな挑戦をしたのか，去年よりどれだけ成長したか」が評価の5割を占めます。単に上司の言うことを良く聞いて真面目にやっているだけでは評価されない。たとえ失敗しても挑戦することによって何を学べたか，の比重が高くなりました。

第3に意思決定のプロセスです。何事も予定通りに進む，ということはまずないので，もう PDCA では難しい。いわゆる OODA 型を採用

しています。観察し（Observe），それに基づいて仮説を立て（Orient），その段階で意思決定（Decide）してしまい，行動（Act）に移す，その様子を観察してまた仮説を更新，というスパイラルを登っていく。これは頭で理解するのは容易なんですが，大きな組織になると行動レベルが変えていくことはなかなかスピードが上がっていません。

　既存プロセスと成長のプロセスにおける価値原則を対比すると図5のようになります。

　安定のためには「リスクは極力排除」，「例外は極力生じさせない」ということになりますし，成長のためには「まずやってみる」，「失敗から学ぶ」，「前例がないなら自ら作ろう」，「イレギュラーや例外からこそ新しいものが生まれる」という考えが重要になります。要は既存事業を執行するには左，新たな挑戦には右が重要で，企業は両利きでなくちゃならない。

　これらの実現にはさまざまな現実的課題がありますが，それに日々取り組みながら前へ進んでいます。

2. プレナリーセッション１サマリー

Digital Transformation（DX）
—Social Value Creation, Sustainability, and The Role of Digital Technologies

宮田　裕章

（慶應義塾大学医学部医療政策・管理学教室教授）

福田　譲

（富士通株式会社 執行役員　Executive Vice President CIO, CDXO（最高デジタル変革責任者）補佐）

南雲　岳彦

（スマートシティ・インスティテュート 専務理事）

Daniel McFarlane

（Director, The Centre of Digital Technology & Society, School of Global Studies, Thammasat University, Thailand）

【Chair】Kyoko Fukukawa

（Professor, Graduate School of Business Administration, Hitotsubashi University, Japan）

図5　安定と成長の価値原則の対比（大会発表スライドより）

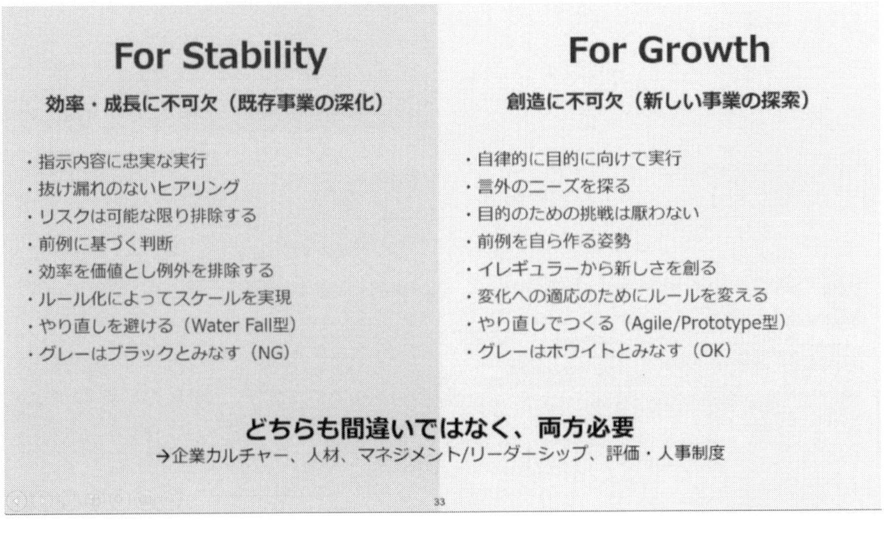

2-1. スマートシティ・インスティテュートの活動紹介と問題提起

南雲　岳彦

（スマートシティ・インスティテュート 専務理事）

(1) スマートシティで，どのように「市民の幸福感」を高めることができるか

スマートシティ・インスティテュートは，2019年に設立された民間主導の非営利型組織。スマートシティの拡大と高度化を推進する中間支援組織で，デジタル庁のような中央官庁から企業まで580近い団体（自治体280，企業100社弱，大学30，経団連など）が加盟し，皆さんでスマートシティづくりの活動をしている。スマートシティは，日本で2025年までに100カ所作るという目標のもと，政府の「デジタル田園都市構想（デジ田）」の中にも位置付けられている。自治体はデジ田交付金や既存のスマートシティ支援施策を受け，本格実装に向けたところが始まっている。私どもの問題意識は，テクノロジーのためのテクノロジー実装をするのでは，あまり意味がないということ。Well-being（心ゆたかな暮らし）とデジタル・テクノロジーを使った結果として，人々が幸せになることを考えている。テクノロジーと日常生活のギャップを埋めない限り，市民参加と幸福感に連鎖しない。データをとってアセットとし，デジタルでソリューションを出す，その結果，社会的インパクトとして，人と社会に暮らしやすさが本当に高まったのか。そうした問題意識から指標化を行っている。

(2) LWC 指標の構成 ＝「心」＋「行動」＋「生活環境」

地域幸福度（Well-Being）指標（Liveable Well-Being City 指標®，LWC 指標）をオープンデータとして各自治体の市民全員に還元している。デジ田公式指標として採用され27の自治体が先行して使用を開始している。LWC 指標は，最上位にある Well-being を「環境の因子」，「行動の因子」，「心の因子」の三層で支えている。一番下にある環境の因子は「暮らしやすさ」を測定。オープンデータを基に，あらゆる生活のシーンを22のカテゴリーで，基礎自治体単位で測定している。一番上の心の因子はアンケートで測定した主観的な幸福感。「地域生活のWell-being」（地域における市民の主観的な幸せ指標）と「協調的幸福感」（地域での幸せのあり方，コミュニティでの幸せ）で構成されている。行動の因子は，「ActiveQoL」（活動実績をウェアラブル端末で測定する指標）と「センシュアス・シティ＋寛容性」（実際に市民が取った行動実績を測る指標）。企業の中の Well-being はいろいろなところで進んでいるが，会社で働いていない地域住人（高齢者，専業主婦，子供等）の Well-being の測定も行っている。行政単独施策，官民連携，市民との連携により実現する施策に分け，共通言語としての Well-being のデータを使って，施策の導出を産官学民で対話を基に検討している。実際に全国3万4千人のモニター調査が終了し，9月か10月には，主観的な幸福感のアンケート結果の全自治体分をオープンデータとして還元するところまで来ている。街の魅力は何か，強みは何かを見極めていただき，幸せの街づくりに活用いただく。これらを実装し政策に結びつけ，まちづくりに生かしていく。

2-2. The Digital Economy and Sustainability デジタル・エコノミーとサステナビリティ

Daniel McFarlane

（Director, The Centre of Digital Technology & Society, School of Global Studies, Thammasat University, Thailand）

DXと効率化の推進は，社会的にも環境的にも持続不可能な消費慣行を生み出している。1. デジタルによる廃棄物の増加，2. eコマースによる廃棄物がいかに持続不可能な行動を生み出しているか，3. オンライン商取引の心理学について話をする。

　手紙のかわりにEメールを送る，CDやDVD購入のかわりに音楽をダウンロードすることで，活動は非物質化され，物理的資源の消費を削減できるというが，それは本当だろうか？UNCTAD副事務総長イザベル・デュラント氏によると，デジタルの発展は「エコロジカル・ニュートラル」ではない。電子メール，ツイッター，ウェブ検索のたびに，私たちは環境汚染を引き起こし，それは地球温暖化の原因となっている。逆説的だが，デジタルは非常に物理的である。データセンターはクラウド上にあるのではなく地球上にあり，エネルギーを大量に消費するコンピューターで満たされた巨大な物理的建物の中にある。最近の国連への報告書によると，私たちはテクノロジーの使用により地球を破壊している。データの5%以外はデジタル廃棄物であり，無価値なものを保存するためにデータセンターを必要とし，膨大な量のCO_2を排出している。スマートフォンには1,000もの材料が含まれているが，現時点で実際にリサイクルされている電子機器廃棄物はわずか20%で，その多くは環境に有害な方法でリサイクルされ，計り知れない環境破壊を引き起こしている。

　ファストファッションは，安価な製造，頻繁な消費，短期間の衣服使用から，年間9,200万トンの廃棄物，79兆リットルの水の消費，化学物質の多用を生み出している。新しいデジタル消費パターンとビジネスモデルが，持続不可能な形のウルトラファストファッションを生み出している。それはわれわれの忙しいライフスタイルに合わせ設計されており，積極的なオンライン・マーケティングを行い，ソーシャルメディアからミクロなトレンドを把握する。デザイナーは時代遅れとなり，エンジニアやソフトウェアに取って代わられた。製品は陳腐化するように設計され，埋立地行きの運命にある。この新モデルの最前線にいる企業がSHEINで，1,000億ドル以上の価値を持つ世界最大のeコマース企業の一つ。

　フードデリバリーの報告書によると，タイでは，2020年1月から4月までのプラスティック廃棄物の量は，2019年の同時期から62%増加した。その大半はリサイクル不可能な使い捨てビニール袋，発泡スチロールの箱，ペットボトル，コップである。また，オンライン消費者の増加により，オンラインギャンブル，オンラインビデオゲームの増加も報告されている。Eコマース会社，オンラインプラットフォームは行動経済学と社会心理学の原則を適用し，顧客を惹きつける。多くのオンラインプラットフォームのダーク・パターンの使用（意図しない潜在的に有害な決断や長時間滞在へとユーザーを仕向けるオンラインサービスに利益がもたらされるユーザー・インターフェース）が最近非常に注目されている。ダーク・プラクティスを減らし，安全なオンライン行動を生み出すために，倫理的なビジネス・プラクティスをどのように発展させるか？ぜひみなさんの意見を聞きたい。

2-3. パネルディスカッションの論点

（1）デジタル活用を超えたWell-beingの実現を

　Well-beingとサステナビリティの調和，多様な形のWell-beingを評価・可視化し，そこに向けて課題解決を考えていくのが一つ。ドバイ万博でサステナビリティを強く打ち出していた

が，彼らの課題は，持続可能性のためにどこまで現在を犠牲にすればよいのかということであった。特に人々のWell-beingとのバランスは議題として積み残された。これはグローバルの中で重要な想いになってきている。そして「多様性」。単一のWell-beingだけではなく，世界にはいろいろな形の豊かさがあり，それをどう作っていくのかが非常に大事になっていく。あるいはWeb3.0文脈での多様な価値創造もこれから重要であると思う。これまで誰かを介してでないとやり取りできなかった価値が，コミュニティ単位でつくることができる。先ほどwebのダークサイドの話が出たが，これまで滞在時間最大化モデルの経済合理性の中でいろんなものが踏みつぶされてきた。そうではないWell-beingまたはコミュニティの価値を軸にしながら，価値をやり取りしていく。

　地球環境との共生を含めたWell-beingから始めるのがひとつの目の付け所。その次に，心の豊かさ，精神面。self-efficacy（自己効力感）が大切。いろんな人の出会いという多様性，寛容性，セレンディピティ，それを楽しめるような余力がないと，自動運転車が日本中をたくさん走っても幸せにならない，ということがデータからわかってきた。利便性をデジタルで追求することはどこかで頭打ちになっていき，その後は心が満たされる，チャレンジができる，認めてもらえる，いろんな人と知り合える，そういう社会に向かう日本の姿がデータから見える。自分の人生を生きるための街づくりを市民参加型で行うよう社会が軌道を描き始めると，いい意味でのWell-beingが達成できると思う。

(2) 企業と社会が一緒に変わるには個人がカギに

　社会の中にいるのも，企業で働いているのも，同じ人間。午前9時から午後5時までは，企業の中にいる人間。それ以外の時間や週末は個人。個人ではたくさんSNSの投稿をし，結構新しいことにトライする。あちこちに出かける。明確に自分で思うように行動する。しかし会社に行った瞬間に上司の顔色をうかがい，前例を気にし，今まで通りでリスクを取らない。変化の鍵は個人だと思っている。社会の受容性も結局のところ民意だと思う。個人が変わればルールも変わるし，国だって変わっていくのではないか。弊社では，ものごとを変える時にはワークとライフのセットで考えている。社員のプライベートやオフタイムも含めてそれぞれの人がそれぞれの人らしくあるために，オンタイム側がどうあるべきかを考えている。社会と企業，両方とも構成要素は人。人に注目をして，人が変わっていけば，時間差はあるかもしれないが，個人から企業から社会を変えていくことができるのではと思う。

　個人が鍵という点に関して，私も同感する。ビジネススクールで教えていて，学生が企業と消費者とを別々に捉えていることがある。実は自分もステイクホルダーでディシジョンメーカーだということを自覚できず，人ごとのまま企業倫理を捉えている。それに関して自分も主役であるということを気がつく，その瞬間がエウレカモーメント（発見した［ピンときた］瞬間，腑に落ちる瞬間）。

(3) 現実世界にデジタルが加わって何が変わったか。ITやネットの世界と現実世界を分けること自体が間違いではないか

　情報革命という一連のフェーズに関して言うと，インターネット，スマートフォン，特に例えばSNSのコミュニティはあくまでもバーチャルな世界の話だった。これがDXという中で，Web3.0もそうだが，スマートシティあるいは既存の産業の在り方，産業そのものが連動

しながら社会の在り方，民主主義が変わるというフェーズになってきている。つまりバーチャルの話を軸にした新しい産業ということだけでなく，リアルも呑み込んだ社会全体が変わるフェーズになってきている。デジタルが変えたひとつは繋がり。デジタル技術の役割は，人と人と世界をどう繋げるか，ということ。それは理想的なことだけではない。例えば，アラブの春の時に，情報さえ繋れば世界はよくなるはずだと多くの人達が信じたが結局はそうではなかった。いわゆる経済合理性モデルではなくWell-being でアルゴリズムをチューンすれば違った多様なコミュニティとの理解のなかで社会を作っていけるかもしれない。

(4) サステナビリティと Well-being の調和が重要

　かつての Well-being というのは，あくまでも個人の概念として捉えられがちだったが，関係性のなかで見ていくことが大事になってきた。ただ，既存のサステナビリティは「地球のために人類は不要」論の人たちもいる。人間はいらないという価値をだれが決めるのか。多様な人達が共有できる概念を描くことが非常に大事で，それが SDGs やその前身のヒューマンセキュリティーの概念だったりする。SDGs はいろんな価値があるが，まずは生きるということが大事。救った命で難民が虐殺をするなど，いろんな苦難や挫折を経たが，まずは命の輝きを消さないことから始めようということ。ここから先は生きるためだけでは貧困から這い出ることはできない，という研究もある。人生の目的を設定する，考えられるだけのゆとり，ある種豊かさがあって初めて貧困から脱出できる。生きることの豊かさという視点の中で持続可能な価値を考えていく。サステナビリティと Well-being は調和のなかで見ていく必要があり，ス

マートシティの指標の取り組みはその重要な第一歩です。

3. オーガナイズドセッション 1：地方創生 × DX

工藤　祐太

（アクセンチュア株式会社　ビジネスコンサルティング本部　コンサルティンググループ　プリンシパル）

西村　潤也

（小田急電鉄株式会社　次世代モビリティチーム統括リーダー 兼 DX 推進・スマートシティ担当）

諸井眞太郎

（凸版印刷株式会社　DX デザイン事業部　スマートシティ推進部部長／ ZETA アライアンス　代表理事）

【司会】今津　秀紀

（凸版印刷株式会社　マーケティング事業部SDGs プロジェクト 部長）

（役職は 2022 年 9 月当時）

　日本の地域社会は，高齢化が進む先進国の縮図だ。超高齢化による労働人口の減少と流出，少子化，経済的格差，インフラ整備の遅れなど，地方自治体の存続を脅かす深刻な問題は複雑に絡み合う。DX がこうした課題の解決に寄与することは計り知れず，官民協働の施策が急務と言える。今，大手テック企業によるビジネスモデルから，地元企業主導への転換が図られているという。それにより，地域経済循環と住民主体の施策が可能になる。最前線で地方創生DX に取り組むビジネスパーソンによる事例紹介とともに，潜在する課題と今後の展望を考察していく。

3-1. 会津若松で進める市民中心のスマートシティと地方創生

工藤　祐太（アクセンチュア株式会社）

会津若松市は，国内最大のIT単科学科を誇る会津大学や，クリーンエネルギー・医療機関のITC実証フィールドを有し，DXよる街づくりの素地ある土地柄だ。2011年に会津若松市，会津大学，アクセンチュア株式会社による産官学連携協定を締結。スマートシティ計画を策定し，国の助成金を得ながら各種プロジェクトを推進している。

2019年4月，ICTオフィス「スマートシティAiCT」の開所により，プロジェクトは加速した。首都圏から誘致したICT関連企業と地域企業が参画し，82事業者との連携が開始されると，新たな人流と雇用の創出，IT人材や若年層の地元定着に期待が集まった。

まずはデータ連携基盤（地理・空間・個人データなど）に着手。エネルギー事業・予約決済システム・バックオフィスなどに非競争領域を生み出した。"共有できるところは共有"することでコスト削減と生産性の向上，地域産業間の連携を高めていくことが狙いだ。また，地域IDやマイナンバーカードに基づくプラットフォームの構築で，利便性の高い「利用者中心」の多領域にわたるサービスを提供している。モビリティ・フィンテック・教育・ヘルスケア・エネルギー・食農・観光・ものづくり・防災・行政手続きなどさまざまなサービスを一つのIDで管理可能だ。

DXによる共助社会の実現には，市民のオプトインに基づくデータ提供が不可欠だ。これには一人ひとりのマインドセットが鍵となる。『Open My Eyes』を合言葉に，対話と官民協働の空気感を醸成・循環していく。地域にお金を落とす，地域・市民・企業にメリットがある『三方よし』の考えが基本だ。

アクセンチュアでは，このデータ連携基盤をもとに，更なるサービス実装を目指す。また，会津若松市をロールモデルとし，全国地方都市への横展開を図ることで，スマートシティ実現に向けた取り組みを継続していく。

3-2. 地方創生DX—運輸業の視点から—

西村　潤也（小田急電鉄株式会社）

小田急グループは1927年の創業以来，沿線の人口増加や購買需要に応えてインフラを整備し，さまざまなサービスを展開してきた。バブル崩壊後はロマンスカー等の大型投資により箱根エリアを再生，世田谷エリアの複々線化事業による混雑緩和や速達性を達成，回遊性を高める街づくりを推進した。サービス提供領域は小田急線やバスによる運輸業・観光業のほか，不動産，リテール，レストラン，広告，人材派遣など多岐にわたる。

昨今，人口減少やEC購買層の拡大，価値観の多様性，アフターコロナの行動変容により，そのビジネスモデルは大きな変更を余儀なくされている。しかし，高齢者の免許返納や交通事故により地域モビリティ維持の要請も高まりつつある。脱炭素に向けた取り組みも並走しなければならない。こうした課題解決のため，DXによる取り組みは必要不可欠と言えるだろう。

顧客接点の改革として，MaaSアプリの開発がある。デジタルチケットの販売，シェアリングサービス，混雑状況の提供，オンデマンド交通予約などが可能だ。シムテム変革のためプラットフォームの開発も進めている。自社開発のEMotや複数交通事業者のMaaSアプリとの共通情報データ基盤「MaaS Japan」や，一つのIDで50以上の事業者のサービスを享受できる地域密着サービスプラットフォーム「ONE

（オーネ）」を開発。連携事業者を拡大中である。IoT や AI を活用したサービスも重要なテーマだ。座間市のサーキュラーエコノミー事業の実証実験や，東京大学・ソフトバンク・GRID との協働により『次世代 AI 都市シミュレーター』の研究開発を進めている。社内では組織風土の改革を目指す。ダイバーシティ・インクルージョンによる人材活用を促し，デジタルネイティブである 35 歳以下の社員の意見を積極的に採用していく。

小田急沿線人口 500 万人のうち 200 万人が日々乗降する社会インフラ。その社会的使命を全うしながら，ユーザーに寄り添った利便性の高いサービスの提供のため DX を推進していく。

3-3. トッパンスマートシティの取り組み
諸井眞太郎（凸版印刷株式会社）

1900 年の創業以来，凸版印刷は従来の印刷事業領域を越境し，情報伝達による社会的価値創出に根ざした事業を展開し続けてきた。地方創生 DX に向けた社会的ニーズに対応し，行政では事務代行 BPO/BPR，教育ではデジタル教材プラットフォーム，医療・ヘルスケアでは KDB の自治体データ分析ツール，地域 Pay などキャッシュレス決済基盤，IoT 次世代無線通信基盤など，さまざまな領域でソリューションを提供している。

つくば市では，住民向けポータルアプリにより市民のタッチポイントを改善した。自治体 HP で情報を探させるのではなく，プッシュ通知で個々の属性に応じた知りたい情報を届ける仕組みだ。

会津若松市ではスマートシティ AiCT を拠点に，市内の食・農業におけるマッチングプラットフォームや個々の特性に合わせた指導・支援

が受けられる教育プラットフォームを開発している。

香美市では市内限定の電子マネー「kamica」により，コロナ禍における非接触決済の普及と，域内での経済循環を目指した。

飯網町では，ICT/IoT による地域の課題解決・行政業務効率化の支援を行っている。防災，獣害，積雪，高齢者の見守り，農業などに活用するため，町内全域に LPWA センサーネットワーク「ZETA」を敷設し，あらゆるものをセンシングで管理する。自治体の人手不足や低コストに応える広域のネットワークで，脆弱化が進む地域のインフラをカバーしていく。

次世代を担う DX・SX を掛け合わせたソリューション。凸版のアセットを駆使したサービスにより，地方創生，スマートシティの実現を目指していく。

3-4. 地方創生 DX における課題と展望
　　―パネルディスカッション―

（1）地方創生 DX が抱える課題
地方の人口減少速度は報道で伝えられる比ではない。自治体のマンパワー不足によってインフラ維持が危ぶまれるほどだ。地域創生 DX はそのスピードとの戦いと言えるだろう。

現場のアナログな情報管理はまだまだ多い。さらに村社会意識がデジタル化と親和性が低いことが指摘され，個々の事業者の利己的なデータ管理が，共有基盤構築の障害となっている。分散する膨大な情報をどのように一元化し共有していくか，地域特性を活かし住民主体の経済循環を生み出せるかが大きな課題となる。

（2）問題解決の突破口とは
助成金による初年度の DX 実証実験で終わってしまう自治体は少なくない。持続するために

は，関わる企業の姿勢が問われている。地域に先行投資するという「三方よし」の中長期的なビジョンや，複数企業によるアセットの持ち寄りが求められるだろう。DX よってビジネスモデルの変更を余儀なくされるプレーヤーへのマイクロマネジメントも忘れてはならない。行政の制度設計や財源確保の仕組み作りも不可欠だ。

　まずは狭い領域でプロジェクトをフルパッケージで回し切るのが望ましい。その成功体験を突破口，ロールモデルとして横展開を図る。その伝播力に期待したい。また，地域特有のアピールポイントを生み出し発信することができれば，経済の活性化を強力に後押しするだろう。

（3）持続可能で心豊かな社会へシフトするために

　SDGs や地域共生という価値観になじみながら成長してきた若年層は，DX やダイバーシティ・インクルージョンに高い関心を持っているはずだ。決定権のあるミドル・シニア層は彼らの意見に耳を傾け，共感できているだろうか。地域のリソースをフル活用しながら，年齢・性別などの属性にこだわることなく，UI ターンや観光・ビジネスの流入層も取り込んだ，多様な人材の参画を促すことが急務だろう。

　個々の意識・行動変容が社会を変えていく原則を諦めてはならない。「誰一人取り残さない」という SDGs のゴール。地方創生 DX によりリープフロッグが起こせるだろうか。その達成は，一人ひとりの幸せ「Well-being」につながっていくに違いない。

4.　オーガナイズドセッション 2：サプライチェーン× DX

大我　猛
(SAP ジャパン株式会社 常務執行役員 チーフ・トランスフォーメーション・オフィサー)

加賀谷哲之（一橋大学商学部教授）

川口　洋平
(武田薬品工業株式会社 GMS コーポレート EHS EHS ジャパン エンバイロメント リード)

茂呂　正樹
(EY ジャパン株式会社 気候変動・サステナビリティサービス アソシエートパートナー)

【司会】岡田　正大
(慶應義塾大学大学院経営管理研究科教授)

　当該セッションでは資本市場から情報開示の要請が高まっているサプライチェーン上の非財務情報に焦点を当てて，パネラー3 名から説明を伺った。その上でフロアの参加者を交えてパネルディスカッションを行った。

4-1.　投資家の視点から見たサプライチェーン× DX：非財務情報開示の拡大と企業評価の革新

加賀屋哲之（一橋大学商学部教授）

　地球上のさまざまなリソースが逼迫しており，このままいくと地球が 2 個無いと世界は持たない。こうした問題意識に基づいて，リソースが逼迫する状況をどう緩和していくかが重要となる。現実にはさまざまな利害対立が起こっており，その一つのトリガーが非財務情報の開示である。特に EU，その中でも投資コミュニティの動きが活発であり，非財務情報開示を強化する各国の政策動向が見受けられる。EU では 2050 年の未来の地球を想定した上で，現段

階からさまざまな施策に取り組んでいる。本日のテーマに関して重要視されるのは EU タクソノミー（○○の分類）の動向ではないか。

　また，EU では非財務情報開示の新たなルールである CSRD が 2023 年 1 月から適用される。非財務情報開示は 2014 年から EU でルール化されてきたが，2023 年から適用範囲が拡大される。今後は従業員が 250 名以上の企業は非財務情報を開示しなければならない。これは機関投資家からの開示要請が背景にある。ただ実施にあたっては難しい側面もある。サステナブル情報の利用者や開示するトピックが非常に多様で，利用者ごとに情報の利用目的も異なる。そしてサステナブル情報の測定手法もバラバラである。加えて企業に同じ形式で強制的に開示を求めるルールとはなっていない。さらに，非財務情報の開示が企業の経済的価値に結びつくための時間軸も非常に長いはずだ。そして負の外部性を防ぐために企業に開示を促すという側面もある。これらは非常に難易度が高い。しかしながら財務情報の標準化が一通り完了した IFRS が，新たな仕事として 2021 年から非財務情報の開示に着手した。SASB 等のその他の機関も合掌連携して IFRS と組み始めた。これまでは企業は株主に説明責任を果たしていれば十分だったが，今後は取引先も通じてさまざまなステイクホルダーに悪影響を与えていないことを報告することが求められている。

　次にビジネスと人権について。企業がステイクホルダーに与える負のインパクトについて考える時，かつては正社員や企業の内部にいる従業員のみに焦点を当てていれば良かったが，これからは取引先や地域コミュニティなどの外部者へも悪影響を与えていないかをチェックする必要がある。英国の奴隷法のように，人権に関して企業に責任を問う法律が続々と制定されている。加えて法的訴訟も増えている。例えば，

EU 企業が東南アジアで人権侵害に加担している場合に，EU 域内で訴えられる事例などである。これまでであれば，域外なので法的訴追の対象にはならないと企業経営者は考えてきた。しかしこの種の訴訟で原告が勝つ事例が多発している。規制そのものが域外適用されており，企業がグローバルに展開している地域でしっかりと人権対応を行っているかが問われている。またアップルなどのグローバル企業の動向にも注目すべきである。アップルの時価総額は約 350 兆円と国家を凌ぐ規模となっているが，事業の一部が訴えられるだけで全社的なブランド価値が損なわれる可能性がある。それだけにアップルは，ESG に関して先駆的な取り組みを行っており，サプライヤー企業もアップルの厳しい基準に準ずることが求められている。アップルのようなグローバル企業が仕入れ先の人権問題を管理できているかを問われた時，DX でサプライチェーン上の非財務情報を取得することが必要になってくるのではないか。

4-2. SAP の挑戦：三つのゼロ追求と統合経営

大我　猛

（SAP ジャパン株式会社　常務執行役員　チーフ・トランスフォーメーション・オフィサー）

　本日は IT ソリューションを提供する SAP という会社としてサステナビリティをどう考えているか，そして SAP 自身がどのようにサステナビリティ経営を実施しているかを説明します。まず簡単に SAP という会社について説明すると，当社は世界最大のビジネスソフトウェアの会社であり，日本および世界各国で企業のデジタル化を支援している。世界 GDP 総計の約 77％に何らかの形で SAP のシステムが関与しており，当社は世界のビジネスシステムを下支えしている。サステナビリティについては

リーマンショック後の 2009 年から取り組んでおり，お陰様で MSCI の ESG 格付けで AAA を取得し，Dow Jones の Sustainability Indices でもグローバルソフトウェア企業で 15 年連続トップの状況。社内では自社での実践と，顧客の支援という二つの軸でサステナビリティに取り組んでいる。そこには三つのゼロの追求というテーマがある。それは Zero Emissions（気候変動への対応），Zero Waste（循環型経済への対応），Zero Inequality（社会的責任への対応）である。当社ではこれら三つのゼロを追求するために財務と非財務活動を統合する経営を自社で実践し，このコンセプトで顧客企業を支援するという取り組みを行っている。

SAP 自身がどのようにサステナビリティを実践しているかを簡単に触れると，当社は 2012 年というかなり早い段階から統合報告書を発行している。ドイツでは上場企業で一番だったと聞いている。サステナビリティに関する先進的な取り組みにチャレンジしており，日本でもモデルケースとして経産省に取り上げられている。どんなところが先進的かというと，女性の管理職比率や従業員のエンゲージメントスコアといった非財務指標と営業利益の相関分析に取り組んでおり，2014 から 2018 年まで開示を行った。加えてインパクトパスという形式で，どういった社内の取り組みを通じて非財務的活動が最終的に営業利益につながるのかを検証して可視化している。ここから更に進んで，業界横断で横串をさせないかということで，Value Balancing Alliance を発起人の 1 社として EU 企業と共に立ち上げた。その中では非財務情報を金額換算する取り組みも行っている。

顧客支援に関しては，お客様がサステナビリティをビジネスの中心に据えることをサポートしている。具体的には三つのゼロの追求に関連して，サプライチェーン上の業務プロセスで収集される非財務情報を，全社的に可視化できるシステムソリューション事業を展開している。お客様が業務トランザクションから非財務情報が自動集計できれば，先ほど申し上げたインパクト分析も可能になる。

4-3. 武田薬品の「EHS 活動と DX」
川口　洋平

（武田薬品工業株式会社　GMS コーポレート EHS　EHS ジャパン　エンバイロメント　リード）

本日は最初に会社紹介をさせていただき，次に当社の企業理念と DX の関係について，そして最後に当社の環境活動と DX の関係についてご紹介する。タケダは昨年，創業 240 周年を迎えた。この長い歴史を支えてきたのは，誠実，公正，正直，不屈というタケダイズムである。タケダは世界約 80 カ国・地域で事業を展開している。収益は 3.6 兆円で約 8 割が海外である。従業員は約 5 万人で日米欧を中心に在籍しており，日本に本社を置きながらグローバルにビジネスを展開している。研究開発はオンコロジーなど，分野としてはワクチンなどに注力している。

続いて企業理念と DX の関係について紹介していく。2020 年に刷新した当社の企業理念は，1. 私たちの存在意義，2. 私たちが目指す未来，3. 私たちの価値観：タケダイズム，4. 私たちの約束の四つからなっている。私たちの約束は三つの P，つまり PATIENT，PEOPLE，PLANET に関する領域でデータとデジタルの力でイノベーションを起こすことを目指している。

次に Beacon という当社の EHS システムについて説明する。企業が何らかのアクションを起こすためには質的または量的な優れたデータが必要となる。このシステムでは EHS に関連

するイベントをリアルタイムで可視化すること
ができる。可視化されたデータはリーダーに伝
達されるため，リーダーは効果的に課題に関与
できる。ネガティブなデータは部外と共有した
くないというインセンティブが働く場合もある
が，適切に分析された結果は他の部署やひいて
は全社に新たな気づきを与える。ここ 30 年間
で死亡には至らなかった労災は半減している一
方で，死亡事故は下げ止まっているという傾向
にある。タケダの EHS では SIF（Serious Inju-
ry and Fatality）を理解して効果的に管理を行っ
ている。SIF とは致死に至るような事故である
が，1 件の死亡事故の背景には 10 件の重大な
事故があり，30 件の軽い事故，600 件のヒヤリ
ハット，そして 30 万件の危険行為が存在する
と言われている。このヒヤリハットや危険行為
を完全に無くすことは困難だと思われるが，こ
れをしっかりと分析して管理することはできる
と考えている。今現在，社内でどのようなトレ
ンドがあるのかをしっかりと理解して対策を講
じることで，致死に至る事故を防ぐことができ
る。

　そのためには従業員の意識を変革する必要が
ある。そのためタケダはグローバル拠点を対象
として Beacon の展開プログラムを立ち上げ
た。すべての従業員に Beacon の ID を付与し
てトレーニングを実施した。従来は EHS の担
当者が紙ベースで集めた情報をエクセル等の
ツールで管理していたが，Beacon を使うこと
で簡易化されるというメリットがある。また範
囲を全従業員に拡大した結果，それまで見えて
いなかったヒヤリハット対策等を全社で共有す
ることが可能となった。Beacon の導入前は年
間 1,800 件程度の報告件数が，今では 6 万 7,000
件程度まで報告件数が増加している。社内で悪
い情報を共有するという意識づけが着実に進ん
でいる。

4-4.　EY の取り組み紹介
茂呂　正樹
（EY ジャパン株式会社　気候変動・サステナビリ
ティサービス　アソシエートパートナー）

　EY は総合コンサルティング会社で事業会社
のさまざまな悩みをサポートしている。本日は
コンサルティング企業の立場からどのようにサ
ステナビリティや DX を見ているかについて説
明させていただく。気候変動関連の GHG 排出
量の開示においては，特に自社のサプライ
チェーン上で排出されるスコープ 3 の CO_2 を
どのように測定すれば良いか困っているお客様
が多い。事業会社はレーティング会社からさま
ざまな質問を受けてそれに答えるために社内各
部署に点在しているデータを集めて統合する必
要がある。そして ESG データとして使えるよ
うなものに変換して報告につなげる必要があ
る。これをデジタル化ですっきりと管理するの
が望ましい。

　近年は，これまでとは異なるデータも取得す
る必要がある。例えば，環境だけにとどまらず
人権関連のデータも入手する必要があるが，
データを取得する上で事業会社はさまざまな困
難を抱えている。最初に企業としては，要求事
項が複雑なので何をしなければいけないか整理
をする必要がある。そしてデータの保管場所が
ばらばらで手作業でデータ収集している状況を
改善する必要がある。事業会社としてはデータ
を集めて統合して，そのデータを分析してトレ
ンドを予測するところまで実施したいはずだ。
その一方で，現状はデータ収集や統合のフェー
ズで時間が取られてしまっている。そのため
EY では，事業会社がデータ分析に専念できる
ように，デジタル化でデータの収集や統合を簡
易化するサポートを行っている。

　このような流れのなかで多様なベンダーがさ

まざまなツールを提供している。そのため正しく一番良いツールを選ぶことが肝要になる。必要なデータを必要に応じて切り出せるシステム設計が望ましい。多くの企業の頭を悩ましているのはシステムをどのようにサプライチェーンにリンクさせて，どうやって必要な情報を必要な時に取りに行くかという部分である。まだまだ包括的にデータを収集し統合までつなぐことができている企業は少ないので，今後も EY はお客さまをサポートしていきたいと考えている。

4-5. パネルディスカッション

(1) 非財務的活動が財務に与える影響の定量分析について

　統計的に分析した非財務情報と財務情報の相関関係の信憑性を担保するために，SAP が実施している取り組みは次の通りである。一つは相関があるということを報告している学術論文を引用し，それを一つの担保にしている。もう一つはインパクトパスを作成して非財務活動が営業利益につながるロジックを自社なりに作成して信憑性を担保している。実際は 1 社だけでは信憑性を担保するのは難しい。そのため Value Balancing Alliance という枠組みで，企業個社ではなく EU 企業を中心とした複数社で共通モデルを作ることに取り組んでいる。

(2) 業務における非財務情報の取得方法について

　現在は新システムの Beacon を導入することで大部改善しているが，タケダ社内では以前は EHS に関して紙ベースで報告を行っていた。今はアプリを使って現場の写真をスマホで撮ってアップすればレポートされるような仕組みになっている。一つのシステムで労働衛生に関する業務を包括的に完結できることがこのシステムの良いところである。

(3) 他企業の先進的な事例について

　意外と驚くほど有名な企業であっても蓋を開けると非財務情報の収集や統合フェーズが自動化されていない企業が多い。半自動化している企業の場合も海外拠点内部で閉じているケースや，国内の 1 拠点だけに閉じているケースもある。サステナビリティ関連のデータを完全に自動収集し，全社的に統合している企業はほとんど存在しないのではないか。

5. オーガナイズドセッション 3： 金融 × DX

Atsushi Ohtaka

(Representative Director and CEO, Transaction Media Networks, Japan)

Justin Balogh

(President & CEO, TORANOTEC, Japan)

Kazunori Ohmae

(CEO, Elevate. Former CEO of Crowd Securities Japan, Japan)

【Chair】Hiroshi Amemiya

(Partner, Head of Japan and Korea, ESG Book Japan, Japan)

Atsushi Ohtaka introduced Transaction Media Networks Inc. (TMN). TMN was established in March 2008 as a joint venture entity of Mitsubishi Corporation and Toyota Financial Services Corporation. TMN's philosophy is to become a gateway for all digital data: Transaction Platform Service. The company wants to create new lifestyles through its services using DX. TMN has three visions. The first vision is Connect. It tries to preserve and aggregate a wide variety of data in Japan and connects them to create new values. The second is Identity. It tries to identify new signals such as needs and trends in everyday life by utilizing such aggregated and connected data. And the third vision is Create. It tries to contribute to better living by creating products, services, and experiences to meet such needs. The company has been growing to be the gateway for all digital data, which leads to Transaction Platform Service. Some highlights of the company are that it pioneered a cloud-based E-money payment processing with payment terminal supply, built a solid business foundation with a nationwide IT network which access to major drug stores, convenience stores, and supermarkets, and projected its Transaction Platform Service to allow the company to store data which would generate additional revenue opportunities from utilizing the stored data. Currently, the company runs TMN gateway which connects 830,000 units through 1,000 plus retail stores. Over one year, 60 million consumers made digital payments by using 41 payment brands such as credit card, E-money (e.g., SUICA), QR code, and loyalty points (e.g., Ponta).

Justin Balogh introduced Toranotec Limited (Toranotec). Toranotec's philosophy is to make everyone an investor. The company is taking a different approach to building a wealth management business. It tries to develop an integrated utility that intersects wealth management with the activities and patterns of daily life. By embedding the Toranoko app, an application the company developed, in and amongst brands, services and lifestyle experiences the company significantly expands the touchpoints into the world of investing and wealth creation. The company tries to expand the digital gateway to investing by providing the most accessible set of investment entry points with a view towards creating a world in which "everyone can be an investor." The company runs an asset management business under Toranotec Asset Management, a licensed asset management company, regulated under the Japanese FSA. Additionally, the company is cost-effectively acquiring a customer base of fully identified KYC/AML complete users which represents a valuable source of target clients for future monetization through broader financial services and other offerings. Toranoko app allows retail customers to make investments in selected mutual funds with cash, loyalty points (e.g., nanaco), airline miles (e.g., ANA), and even walking steps.

Kazunori Ohmae is CEO of Elevate Limited. As one of Japan's crowdfunding business pioneers, he discussed his experiences and a mission of the crowdfunding in the financial industry. His involvement in digital finance started as a founding team member of then the largest internet bank from 2001 to 2007 and became a founding member and executive director of Japan's first peer to peer (P2P) lending platform, AQUSH, from 2009 to 2013, and served as co-founder and CEO of the currently largest P2P lending platform, Crowd Bank, from 2013 to 2016. He is now plays as an advisor, developer, investor for new and existing business entities in the Fintech space. P2P lending platform is one of six crowdfunding ones and the most popular one in terms of investment volumes. P2P lending and crowdfunding in general have gained popularity as an alternative finance. While traditional finances such as bank lending and VC investment focus on short term financial outcomes as well as business sectors which are perceived growing, P2P lending and crowdfunding focus more on stories and values behind businesses who want investments to use for their business activities.

Hiroshi Amemiya, the session chair and Partner and Head of Japan and Korea for ESG Book GmbH, introduced ESG Book. He demonstrated ESG Book platform as an engagement platform between companies and investors in terms of corporate sustainability information. The platform is open to public if people complete a registration process to enter the platform. Until recently, corporate sustainability information and data were not easily accessible. Digital technology made ESG Book platform to store, analyze, display, and deliver corporate sustainability data to users.

In this session, the main topic of the first three presenters was how Digital Transformation helped individuals to access to financial services: payment, investment and lending. Digital payment could reduce the use of hard or physical cash. Digital investment and lending could reduce the use of physical cash and middlemen between individual investors and actual investees and borrowers. Digitizing financial services could eventually minimize costs which individuals have been paying.

Lastly, very critical to mention is about digital divide. While just summarizing that digitizing financial services has some positive impacts on individuals, digital divide needs to be focused. Especially in Japan, the more senior people live and participate in social activities, the safer to use digital financial services should be served for those seniors. All the three panelists mention that digital divide, especially for senior people, is an important, ongoing issue. They consider that senior people are not left outside their services. They try to make their service easily understandable for those senior members by using more illustrations and pictures instead of a full of texts in their service information materials. Also, they think that offering their users learning opportunities is important. Current middle-aged users will become senior users in a decade or a few decades. Although young users can use existing digital financial services without any difficulty, they need to keep up with the technological progress of the digital financial services. Therefore, providing learning opportunities on digitizing financial services is key to all generations.

6. オーガナイズドセッション4：B Corp コミュニティにおけるデジタルと社会的価値

Dave Mateo
（ダノンジャパン株式会社 シニア・パブリックアフェアーズ・アンド・サステナビリティ・マネージャー）

小田　一枝（株式会社オシンテック 番頭）

山本　奈未（株式会社山本山 USA 社長）

【司会】土肥　将敦（法政大学現代福祉学部教授）

本企画セッションでは，B Corp 認証取得企

業における DX 推進のあり方と日本における B Corp 認証企業の課題等について議論を行った。登壇者にはダノンジャパン株式会社からデイブ・マテオ氏，株式会社山本山 USA（Stash Tea）から山本奈未氏，株式会社オシンテックから小田一枝氏に登壇頂いた。

　B Corp 認証はアメリカの NPO である B Lab が提供している国際的な企業認証制度であり，環境・社会面に関する厳しい水準（200 点満点中の 80 点以上）を満たした企業に対して与えられる。その評価プロセスは長期にわたっており，また売上規模により年間 500〜50,000 ドルの認証費用と 3 年毎の再評価が求められる。

　1990 年代から現在までの世界での B Corp 認証企業数を見ると，その数は加速度的に拡大しており，2023 年 3 月末時点で，6,500 社を超えている。一方で，日本における状況は 20 社（2023 年 3 月末時点，内上場企業は 1 社のみ）で一般消費者や投資家などのステイクホルダーからの認知度は未だ高くない。しかし，認証取得準備段階にある企業数は相当数に上っており，また認知度向上のイベントも 2023 年 3 月に実施された Meet the B をはじめとして開催されている。以下では，株式会社山本山 USA，ダノンジャパン株式会社，株式会社オシンテックの 3 社からの報告概要を順にまとめ，最後に B Corp ムーブメントから得られる DX に関わる知見について整理しておく。

6-1.　3 社からの報告の要約

　山本山 USA（グループ会社の Stash Tea が 2017 年 9 月 B Corp 認証取得）：オレゴン州ポートランドに拠点を置く StashTea（以下，スタッシュ）は，アメリカ最大のティーカンパニーの一つであり，1993 年に山本山 USA に買収されて以降，山本山のグループ会社として運営されている。2017 年 9 月に B Corp 認証を取得し，

2020 年に再認証を取得しており，山本氏はこの再認証のプロセスから B Corp 認証に本格的に関与している。もともとオレゴン州は「ヒッピー色の強い文化・環境」であり，スタッシュの社員が B Corp 取得を目指したことは自然な流れであった。また従来はスタッシュ幹部とコア従業員によりプロジェクトベースで進められてきたものであったが，山本山とスタッシュ幹部との統合，製造部門も含めた横断的なチーム構成ができたことにより，B Corp の教えは「マネジメントの根幹を育ててくれる会社の経営の道図」となっている。直近では，コロナ禍以降のハイブリッドワークへの転換とその継続性への決意，マタニティリーブの長期化，給料制度の見直し，ミッションステートメントと経営指針（Values & Principles）浸透の徹底などが変化として現れている。

　ダノンジャパン（2020 年 5 月 B Corp 認証取得）：ダノンは 1972 年に初代 CEO アントワーヌ・リブー氏が「社会の発展なくして，企業の成功はない」という考えに基づく「デュアル・プロジェクト」という企業理念を掲示し，事業と社会の双方の持続的発展を目指すこの指針はあらゆる企業活動の根底に息づいている。そのため，B Corp 認証はダノンの DNA との親和性が高く，B Corp の理念はダノンの企業理念や哲学に合致した評価システムと言える。ダノンは，2025 年までに世界中の子会社すべてで B Corp 認証取得を目指すことを表明しており，2020 年 6 月にダノンがフランスの PACTE 法に基づき導入された Société à Mission（使命を果たす会社）になったことにより，企業として成し遂げるべきものとして定義されている。ダノンジャパンもクロスファンクショナルなタスクフォースを設立し，約 5 カ月の評価プロセスを経て，2020 年 5 月に認証を取得した。マテオ氏は，「B Corp 認証の取得の有無にかかわ

らず，誰でもオープンに活用できる BIA（B Im-pact Assessment）を使って自社を評価してみることが大切であり，それこそが社会を変えていく力になる」と指摘する。なお B Lab では B Corp 認証基準を継続的に見直しており，現在は 2019 年 1 月に改訂された Version 6 が採用されているが，2 度のパブリックコメントを経て 2024 年から Version 7 が適用される予定である。

　オシンテック（2022 年 2 月 B Corp 認証取得）：オシンテックは，2018 年 11 月に兵庫県神戸市で設立したスタートアップであり，会社名のもとになる OSINT は，Open Source Intelligence：オシントを意味する。各国の行政機関や国連機関，研究機関，NPO/NGO などの 700 以上のウェブサイトで公表される国際的ルール（法案や議事録）を人工知能（AI）が収集し翻訳する情報サービスを展開する。同社は，B Corp である意味を，事業活動そのものが「環境や社会，人権などに配慮した経営を行っている」ということと，もう一つは事業として「環境・社会関連データの DX ツールを提供している」ことの二つあると認識している。後者の取り扱い事業として，RuleWatcher® の提供業務，国際法制トレンドの調査業務，コンサルティング事業，リカレント教育事業などがある。同社が 2020 年に開始した RuleWatcher® は，日本企業が不得手な国際的ルールの網羅的な把握を支援するものであり，国連プロジェクトサービス機関（UNOPS）も同サービスの利用を開始している。RuleWatcher® の情報収集テーマは，気候変動（緩和），気候変動（適応），海洋プラスチック汚染，食料システム，世界の人権，資本主義の未来，サーキュラーエコノミー，生物多様性，ビジネスと人権，水資源，サステナブルファイナンス，自動運転，ブロックチェーン，個人情報保護など多岐にわたっている。

6-2. B Corp 企業の DX 推進のあり方や課題のまとめ

　B Corp 認証を取得するメリットは，業界や企業規模，当該ビジネスのライフサイクルなどにより変化し，一般的には「優秀な人材の確保」や「従業員の士気向上」などが考えられるが，これに加えて「B Corp 認証企業同士の質の高いコミュニティ」が挙げられる。これらは B Corp が掲げる「相互依存宣言（Declaration of Interdependence）」に基づく思想でもある。本国アメリカでは B Hive や B Corp Peer Circle と呼ばれる B Corp 企業同士のコミュニティが活用され，多様なベストプラクティスが共有されている。利用者は自社の紹介や専門分野などの関連情報を掲載したプロフィールページを作成することができる。これらの（オンライン）コミュニティは，B Corp 認証を受けている企業の役員クラスのみならず，従業員同士が新商品やサービス，プロジェクトの提携や企業内の問題解決の相談などで活用されている。今回の企画セッションの事例では見られなかったが，いくつかの B コミュニティに参加している日本企業も少しずつでてきており（B beauty coalition など），デジタルを前提とした事業の再構築を行う上での今後の展開が期待される。

　上述のオンラインサービスは B Corp 認証メンバーに限定されたサービスであるが，一方で B Lab が国連グローバル・コンパクトと協働で開発した SDGs Action Manager は，企業が SDGs に関してインパクトを測定，評価できるオンラインプラットフォームであり，2020 年から無料でウェブ上に一般公開されている。

　さらに近年では，B Corp 認証企業同士のビジネス関係の構築は，グローバルなレベルで広がりを見せている。B Corp の代表的企業である Ben & Jerry's や Patagonia は，同じ B Corp 認証を取得し，同じ価値観や課題認識を有して

いるグローバル企業と次々に協働による商品開発を行い，その社会的課題の啓発活動に尽力している。こうした共有された価値観に基づく新規事業の開発は，さまざまなコストを低減化し，よりスムースな関係構築を促進し，B Lab創設者が「結合組織（connective tissue）」と呼ぶ，組織間の相互依存性を強化するものである。B Corp ムーブメントは，単に B Corp 認証企業の広がりを意味するものではない。あらゆる企業に B Corp 企業が採用している企業行動を促すことによって，株主至上主義から社会的使命に忠実なステイクホルダー資本主義への転換を目指すものと言えよう。

＜抄録の執筆者＞

基調講演 1・2：岡田正大（慶應義塾大学大学院経営管理研究科教授）

プレナリーセッション 1：井原美恵（JFBS 事務局）

オーガナイズドセッション 1：今津秀紀（凸版印刷マーケティング事業部 SDGs プロジェクト部長）

オーガナイズドセッション 2：花岡斉（JFBS 事務局）

オーガナイズドセッション 3：Hiroshi Amemi-ya（Partner, Head of Japan and Korea, ESG Book Japan, Japan）

オーガナイズドセッション 4：土肥将敦（法政大学現代福祉学部教授）

企業と社会フォーラム学会誌，第 12 号，pp. 47-61，2023　　47

サプライチェーンにおける
クロスセクター協働
——味の素 AGF による生産者支援プロジェクトの事例研究

中野　幹久
京都産業大学経営学部教授

松山　一紀
同志社大学社会学部教授

佐々木　利廣
京都産業大学名誉教授

キーワード：クロスセクター協働，サプライチェーン，事例研究

【要旨】

　本稿のねらいは，企業が事業活動の中での社会貢献活動を成功させる要因を導き出すことである。そのために，食品メーカーである味の素 AGF 株式会社（以下，AGF）が生産者団体や商社，町役場とともに，国産コーヒー豆を使った商品化の実現を目指している活動を，サプライチェーンにおけるクロスセクター協働の事例として取り上げる。事例の分析では，同社を焦点組織とし，先行研究が対象としてきた組織間協働に加えて，AGF 社内の組織内協働にも目を向ける。AGF では，ライン部門が主体となって協働型の社会的事業活動に取り組んでいる。横山（2003）の事例研究でも，同様にライン部門主体の取り組みが見られるが，組織内協働には焦点が当てられていない。本稿はそこにも注目することで，事例を通じて抽出された組織間協働の現象を，焦点組織である企業の組織内協働と関連づけて議論する。加えて，組織内・組織間協働を動態的に分析するために，協働プロセスの段階モデルを導入して，協働活動を形成，実行，再行動という 3 段階で整理した上で，協働が発展していくプロセスを明らかにする。

1. はじめに

　企業による社会貢献活動の意義については，以前から社会的責任の一環として捉えられてきたが，昨今では企業価値を高めることと同義だとする傾向が見られる。こうした現象について福永（2019）は，増殖・拡散した 1990 年代から模索する 2000 年代を経て，2010 年代を本質回帰の時代と呼んでいる。実際，社会貢献活動

投稿：学術論文（2022. 12. 7 受付 / 2023. 5. 30 受理）

を事業活動と関連づけた動きが増えている。一般社団法人日本経済団体連合会（以下，経団連）が2020年に実施したアンケート調査（回答数：178）では，8割以上の企業が「経営理念やビジョンの実現の一環」と回答しており，経営戦略の一部として捉える傾向が指摘されている。併せて，2005年度調査と比較して，「社員が社会的課題に触れて成長する機会」と回答した企業の割合が4％から53％へと大幅に増えており，社員の参加が重要視されていることも伺える。本業の中で，いかにして社員に社会貢献活動を行わせるのかが企業の経営課題となっていることがわかる。

　本稿が取り上げるのは，味の素AGF株式会社（以下，AGF）が取り組んでいる「徳之島コーヒー生産支援プロジェクト」の事例である。このプロジェクトでは，同社と生産者団体や商社，自治体，さらに島内の施設・学校等も加わり，AGF社員が研修で参加して，国産コーヒー豆を使った商品化の実現を目指している。このプロジェクトの特徴は，AGFのライン部門が主管部門となっていることである。同社の場合，本社にサステナビリティ推進部があるが，事務局の役割を担っているのはサプライチェーン関連のオペレーションを担当する部門である。こうしたライン部門が主体となり，内外で調整・連携しながら社会的価値創出に取り組んでいる事例はめずらしい。実際，ほとんどの企業では社会貢献活動の専門部門が推進主体となっていることが先の経団連の調査からもわかっている。また，AGFは生産者団体と共同で社会的課題の解決活動に取り組んでいる。経団連の調査で言えば，「事業化に向けた実証的なプログラムの実施」に該当するが，こうした活動を行っている企業は2割程度しかない。Porter and Kramer（2011）では，特殊なコーヒー豆を調達するために，ネスレが技術的助言

や資金的支援，設備の提供を行っている事例が紹介されているが，経団連の調査によれば，ほとんどの企業はこうした事業化に向けた関与の程度が低い活動にとどまっている。以上のことから，AGFのプロジェクトはライン部門が主体となり，内外で調整・連携しながら，事業活動の中で社会貢献活動を行っている先進事例とみなされる。

　AGFの事例は，谷本（2003）の分類によれば，異なるセクター間での「協働型」の社会的事業活動とみなされる。本稿ではその事例を，AGFを焦点組織として，企業セクターの商社，NPOセクターの任意組合である生産者団体，行政セクターの徳之島伊仙町役場，さらには島内の施設・学校等の協力組織を加えたクロスセクター協働として取り上げる。そして，先行研究が対象としてきた組織間協働に加えて，AGF社内の組織内協働にも目を向ける。組織内協働に注目する理由は次の通りである。谷本（2014）はインタビュー調査にもとづいて，日本ではCSRブーム以前から関連部署が立ち上がっていたにもかかわらず，CSRが経営プロセスに組み込まれ機能しているとは言えないという見解を述べている。同書で列記されている事例は，必ずしも社会貢献部門主導の事例とは言えないが，社会貢献部門だけが対応することの限界を明示しているのではないかと考えられる。そこで本稿では，ライン部門が主体となって協働型の社会的事業活動に取り組む企業の事例を取り上げる。次節で述べるように，先行研究として横山（2003）を挙げることができるが，その研究では組織内協働には焦点が当てられていない。本稿はそこにも注目することで，事例を通じて抽出された組織間協働の現象を，焦点組織である企業の組織内協働と関連づけて議論できる。また，それらの組織内・組織間協働を動態的に分析するために，協働プロセスの

段階モデルを導入する。このような分析によって，企業が事業活動の中での社会貢献活動を成功させる要因を導き出すことが本稿のねらいである。

2. 先行研究と分析枠組み

2-1. 先行研究のレビュー

（1） クロスセクター協働に関する研究

　社会的課題の解決については，企業，NPO，政府といったセクターがそれぞれ単独で行うのではなく，異なるセクターが協働的に取り組むことが求められている（e.g., Bryson, et al., 2006）。さまざまなクロスセクター協働の分析があるが，Thomson and Perry（2006）は先行要因，プロセス，成果の因果関係で整理している。それらのテーマは，社会的協働論を整理した大倉（2014）の言葉で言えば，それぞれ協働の形成理由，協働のマネジメント，協働の影響と言い換えられる。それらの中で，本稿が取り上げるのは協働のマネジメントであり，どのようなプロセスでクロスセクター協働を進めていくかという問題である。

　クロスセクター協働のプロセスについて，組織間協働の事例を分析して成功要因を整理した先行研究はいくつか見られる（Austin, 2000; Gray, 1989; 佐々木ほか，2009; 佐々木編，2018）。しかし，焦点組織を明確に設定し，その組織体制を明示した研究はあまりなく，筆者らの知る限り，横山（2000）および横山（2003）を挙げることができる。前者では，ザ・ボディショップの事例研究から社会的価値創造のプロセス・モデルを構築して，成功要因を整理している。後者では，その事例研究を発展させており，マーケティング活動に加えて，同社の理念や価値観の浸透を対外的にはかるバリューズ活動を担うコミュニケーション部がNPOとの共同

キャンペーンを行う内容が追加されている。このコミュニケーション部は，本稿が注目しているライン部門に相当する。事例研究を通じて，同部の活動によって理念が社内に浸透したり，同部とNPOとの対話が信頼関係の構築に寄与していることが明らかにされている。しかし，同部と社内他部門との協働については明示的には触れられていない。

　クロスセクター協働の事例を分析する場合，小島・平本編（2011）が言うように，そのプロセスを性質が異なる複数の期間に区分して捉えることが有効である。それにより，協働の成功要因の列挙のような静的な分析にとどまらず，協働が発展していくダイナミックなプロセスを解明することができる。ここで協働プロセスについては，いくつかの段階モデルが提示されている。よく知られているのは，Selsky and Parker（2005）の「形成（formation）」と「実行（implementation）」の2段階である。前者は協働前の段階であり，後者は本格的に協働を行う段階である。さらに，実行後の段階に目を向けた研究として，Austin and Seitanidi（2012）を挙げることができる。協働を各組織に組み込んでいく「制度化（institutionalization）」はその一例であり，「展開」の段階（後藤，2013; 松野，2021）と呼ばれている。東（2009）は，その段階ではビジョンが再構築され，他のアクターを巻き込むことがあるため，「再行動」と名付けている。本稿の事例では，①形成，②実行，そして社内の組織体制の変更や新たな協力組織の加入を含む③再行動という3段階で協働プロセスを分析する。

　クロスセクター協働について，組織間協働に加えて組織内協働にも目を向けることの必要性は，先行研究でも指摘されている。二神（2008）は，多角化企業における事業単位間の内的コラボレーションの重要性に言及している。佐々木

（2009）は，組織内コラボレーションとして下位単位や個人間のコラボレーションを挙げている。本稿では，企業が事業活動の中で行う社会貢献活動の成功要因を導出するために，組織内協働として，企業内部で行われている部門間や個人間の調整・連携に注目する。その活動を組織間協働と関連づけて議論することによって，本稿が特に焦点を当てているライン部門が内外で調整・連携しながら，どのような役割を果たすべきなのかを明らかにできると考えられる。

（2）　サプライチェーン協働に関する研究

　本稿の事例は，川上から川下へ向かって，コーヒー豆の生産者団体，中間流通業である商社，食品メーカーのサプライチェーンにおける協働でもあり，サプライチェーン・マネジメント（以下，SCM）の先行研究の知見も取り入れる。SCM ではクロスセクター協働の研究は少ないが，Luthra, et al.（2022）が循環型サプライチェーンにおけるクロスセクター協働の阻害要因を調査している。ただ企業を焦点組織としておらず，異なるセクターとの協働プロセスを分析した研究でもない。以下で参考にするのは，同一セクターのサプライチェーン協働の研究である。

　SCM の領域では，サプライチェーンの統合あるいは協働に関する研究が膨大に蓄積されている。従来は，自社の効率性や顧客への応答性といったオペレーションのパフォーマンスを向上させるためのサプライチェーン活動が対象とされてきたが，最近では社会的価値への影響を分析した実証研究が発表され始めている。これらの研究では，「統合」と「協働」の概念は同義で用いられているため，以下では「協働」で統一する。Khanuja and Jain（2020）による系統的文献レビューによれば，サプライチェーン協働の研究は先行要因，協働活動，成果の因果

関係で整理される。この点は，クロスセクター協働の研究テーマと同様である。本稿で分析対象とする協働活動の種類については，レビュー論文による分類が参考になる。例えば，Alfalla-Luque, et al.（2013）は情報共有，オペレーションの調整，組織間関係の構築という 3 次元で整理している。これらは，サプライチェーン協働の 3 つの程度（低度，中等度，高度）を意味している。

　サプライチェーン協働の研究における組織内協働，組織間協働，成果の関係は，設定される成果変数によって異なる。物流コストや在庫といった効率性のパフォーマンスへの影響を分析する場合は，組織内協働との直接的な関係が想定され，組織間協働と成果は組織内協働を介した間接的な関係になる。本稿の場合は，環境配慮型のサプライチェーンにおける環境価値への影響を分析した Wong, et al.（2020）と同様に，社会的価値に直接的な影響を及ぼすのは組織間協働であり，組織内協働は組織間協働を通じて間接的に影響すると想定する。

2-2.　分析枠組み

　先行研究のレビューを踏まえて，本稿では図 1 のような分析枠組みを採用する。企業を焦点組織として，組織間協働の社会的価値への影響，組織内協働と組織間協働の間の双方向の影響を分析する。組織内および組織間の協働プロセスについては，形成，実行，再行動という 3 段階で整理する。各段階における組織間協働の活動については，情報共有，オペレーションの調整，組織間関係の構築の 3 種類でまとめる。組織内協働の活動については，組織間協働と関係のあるものに注目する。

図1　分析枠組み

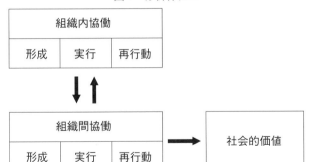

3. 事例研究

3-1. 研究方法

本稿では,「企業が異なるセクターとの間での社会貢献活動を事業活動の中で行う場合,組織内および組織間においてどのような協働のマネジメントが求められるのか」というリサーチ・クエスチョンを提示する。

この問いが示すように,「どのような」という問題が提示され,かつ現実の事象に関心がある場合,事例研究は有効な方法論となる(Yin, 2014)。この問いに答える事実を把握するために,本稿ではAGFを対象とした事例研究を行う。単一の事例を取り扱うのは,AGFのライン部門が主体となり,内外で調整・連携しながら,事業活動の中で社会貢献活動を行っている先進事例であり,Yin(2014)の「新事実のケース」に該当するからである。

このプロジェクトはAGFが生産者団体とともに,国産コーヒー豆を使った商品化の実現を目指している活動であり,まだ進行中である(2023年1月現在)。2023年に試験販売,2024年に本格販売が予定されているが,予想される売上規模は小さく,経済的価値を生み出すのは先になりそうである。しかし,本稿ではこの事例の社会的価値の創出に注目しており,地域に

おけるコーヒー産業の育成と農業経営の継承の2点で着実に成果が上がっている。以下では,プロジェクトの契約締結へ向けて動き出す2017年1月までを形成段階,契約に向けた打ち合わせの後の2017年3月から,締結後の2019年3月までの約2年間を実行段階,その後の2019年4月からAGF社内の体制変更,協力組織の参加,契約継続,コロナ禍での活動が見られる2022年3月までの3年間を再行動段階とみなして,事例を記述する。これらの内容は,AGFおよび徳之島コーヒー生産者会へのインタビュー,AGFから提供された資料にもとづいている。AGFへのインタビューについては,2020年11月~2022年9月の間に計8回実施し,SCM推進部長(8回),前購買部長(3回),取締役常務執行役員(2回),生産統轄部プロジェクト事務局担当者(1回),人事部プロジェクトメンバー(1回),前副社長(1回)が出席した。徳之島コーヒー生産者会へのインタビューについては,2021年7月に実施し,会長と2名の副会長が出席した。なお,インタビュー後に聞き取り内容を整理して,AGFへの確認を行った上で,以下の事例を記述している。

3-2. 事例

（1）　形成：プロジェクトのきっかけ

AGF は，コーヒー製品を中心とする嗜好飲料を製造・販売している。2022 年 3 月期の売上高は 853 億円である。AGF では，「ASV（Ajinomoto Group Shared Value）」の実現を目指した取り組みを行っている。これは，親会社である味の素株式会社（以下，味の素）をはじめとするグループの各社が，それぞれの事業活動を通じて社会的課題の解決に取り組み，経済的価値と社会的価値を向上させることを目的としたものである。味の素グループでは，地球的な視野で "食" と "健康"，そして明日のよりよい生活に貢献するというミッションをもち，食と健康の課題を解決し，人びとのウェルネスを共創するというビジョンを掲げており，グループ各社の ASV はそうしたミッションとビジョンを実現するための中核として設定されている。AGF では，2015 年 4 月に味の素の 100%子会社となった後，ASV が社内に急速に浸透していった。同社の ASV は，下記の通りである。

> 事業活動を通じて，「ココロ」と「カラダ」の健康，「人と人とのつながり」，「地球環境との共生」をはじめとする SDGs が目指す社会価値を共創し，3R（Rest：休息，Relaxation：やすらぎ，Refreshment：気分一新）の提供を実践します。

「徳之島コーヒー生産支援プロジェクト」は，この ASV 活動の一環として始まった。発端となったのは，社員のある思いであった。当時，日本人の味覚や日本の水に合う「Japa-Needs Coffee」という事業コンセプトの下に商品化されたブランド「煎」は輸入豆を使用していたこともあって，日本のブランドというイメージを浸透させるまでには至っていなかった。従業員アンケートには，「国産のコーヒー豆を使うことで，煎のブランドを強化していきたい」という社員の思いが記載されていたという。その声が，2016 年 6 月に味の素から AGFへ転出した社長（当時）の耳に届く。8 月，社長は購買部長（当時）に「日本でコーヒー豆を生産しているところはないか」という問いかけをしている。購買部長は，「従業員の思いに社長も共感されたのではないか」と推察している。専務（当時，後の副社長）は，中期経営計画の立案に向けた役員討議を行った際に，非財務目標のひとつに掲げている「サステナブルな調達」の実現に関する議論をしており，それが社長のこうした問いかけの背景にあるという。具体的には，コーヒー豆の供給が逼迫するなか，安定的に調達する仕組みを構築することが課題となっており，海外の生産者との長期契約を締結し，さまざまな支援活動を展開することを検討していた。その関連で，地球温暖化でコーヒーベルトが広がり，将来は日本の沖縄や鹿児島でも育つのではないかという話が出ていたのである。つまり，ブランド強化に向けた社員の思いと経営トップによる ASV ベースの調達戦略が合致したことが，このプロジェクトのきっかけとなったと言える。

（2）　形成：徳之島の発見と面会

AGF はコーヒー豆を商社経由で調達している。社長からの問いかけに応えるために，購買部長は主要取引先である商社 M 社（以下，M社）の飲料原料部長（当時）に調査を依頼した。2016 年 9 月，国内産地の中で，奄美群島に属する徳之島だけが決まった取引先がないことがわかり，M 社の部長と担当者は徳之島の生産者と面会することになった。2011 年に設立した徳之島コーヒー生産者会の会長 Y 氏によれば，過去にもほかの会社が来たこともあ

り，いろいろなことを聞くだけ聞いて，結局は
なにもせずに帰っていったという記憶から，そ
のときも「いつもの視察だろう」と思ったとい
う。

　10月，M社の部長と担当者はAGFの専務
と購買部長を連れて徳之島へ出向いた。面会で
は，生産者会の会員12名に加えて，同会の設
立を後押しし，予算管理等の事務作業にも関
わっている同島伊仙町役場の職員も同席した。
その場ではY氏から，徳之島で30年以上，生
産を脈々と続けてきたこと，生産者会として
コーヒーを島の産業のひとつに育てたいこと，
次世代に継承していきたいこと等の情熱的な思
いを伺った。併せて，徳之島は台風の通り道に
なることが多く，苗が大きく育つ前に強風で被
害を受けることが多いということがわかった。

　翌2017年1月，再度同じメンバーで訪問し
た際，AGFの専務が代表して，「純国産コー
ヒーの実現」という夢を一緒に追いかけたい，
徳之島を種の植え付けから収穫まで一貫して行
う「真のコーヒーアイランド」と呼ばれる島に
したいという思いを伝え，経済的・技術的な支
援の説明を行った。購買部長は，このときにY
氏が語ったこと−「ほかの会社は訪問者が担当
者であったり，メディアを介してだったり，本
気度が見えなかった」−を記憶している。専務
が直々に出向いたことで生産者会の印象が変わ
り，またすぐに契約や支援の話をしたため，途
中で降りるようなこともなく，一緒にやってい
くという決意を感じてもらえたのではないかと
推察している。

　AGFからの提案を，Y氏は「まさかの打
診」と表現している。Y氏によればその場で即
答できず，生産者会の会員および役場の賛同を
得た上で，後日，「いっしょにやりましょう」
という返事をしている。こうして，契約へ向け
て動き出すことになった。

　なお，面会時に台風対策の施策として，
AGFから植林用ロングカップとコーヒー農園
の防風林を提案した。これらは，購買部長が中
心となり，園芸用プラスチックメーカーや建設
会社の協力を得て調査・検討したものである。
しかし，30年間生産を続けてきた経験豊富な
プロから見れば，「（実際の台風は）そんなもん
じゃない」（括弧内はAGFに確認した上で筆者ら
が補足）という様子だったという。

（3）　実行：契約締結へ向けて

　本格的に動き始めたことで，AGFの社内で
は経営トップ直下のプロジェクトチーム（PT）
が発足した。オーナーに専務が就き，調達にお
けるASV活動をミッションに掲げている購買
部が主管部門となり，同部の部長がリーダーを
務めることになった。ほかのプロジェクトメン
バーは，生産設備の設置および技術指導に関わ
る生産統轄部，社内教育に関わる人事部，社外
広報および社内での活動報告に関わる広報部，
品質評価に関わる開発研究所の各部門管理職
（課長レベル）である。生産者会との窓口，M
社との調整，スケジュール管理を担う事務局に
は，購買部と生産統轄部の計3名が選ばれた。

　PTでは台風対策に加えて，社内向けの教育
プログラムについても検討を進めていった。同
社が使用するコーヒー豆は海外から輸入される
ため，ほとんどの社員は産地に足を運ぶ機会が
ない。そこで生産応援活動として，現地で育苗
等の作業を行う体験型研修を社内教育に組み込
んでいくことを検討した。

　このようにプロジェクトが動き始めていた
が，リーダーの購買部長は正直なところ，商品
化の可能性は低いと感じていた。徳之島におけ
るコーヒー豆の生産量は，当時はまだ60kg／
年程度だった。これは，島内の喫茶店1店が
数ヵ月で使い切るぐらいのわずかな量だとい
う。徳之島を襲来する台風は強烈で，最大瞬間

風速70m，時速に換算すると252kmになることもあり，苗を植えても植えても育たない状況だったのである。

2017年3月，前回と同じメンバーで島を訪問して，契約に向けた打ち合わせを行った。1月に提案した台風対策の施策については，「何もやらないよりはやってみるか」ということになったが，結果的に実施されなかった。

（4）　実行：契約締結と2017年度の支援活動

2017年6月，コーヒー生産者会，伊仙町役場，M社飲料原料部，AGFの4者による「徳之島コーヒー生産支援プロジェクト」の契約が締結され，徳之島にて調印式が行われた。「徳之島での国産コーヒーの商品化の実現」を目指し，生産者会はコーヒーの生産，伊仙町役場はPR等の支援，M社はコーヒー豆の物流・保管，AGFは生産支援と商品化の役割を担うことになった。契約期間は2020年3月までの3年間，AGFからの生産支援額は200万円／年を上限とし，4者で協議して中身を決めることになった。

1年目の支援では，最大の課題である台風対策に焦点が当てられた。具体的には，育苗用および収穫豆の乾燥場に約100m²のビニールハウスを建設した。生産支援の上限額の倍以上の費用がかかったが，購買部長が社長と副社長（前専務）に直訴して，承認を得ている。また，購買部長が味の素の研究所に相談して提供された肥料を使って，苗の根張りを促進する効果を検証することになった。加えて，風に強い低木品種をM社部長が調査し，中南米で使われている各種の種子約2千個を調達した。これはM社の契約上の役割を超えた行動であるが，2010年以降，AGFとの取引の責任者を務めている同社部長自身の意思で行われている。ただし，実費はAGFが負担している。

さらに，AGF社内では生産応援活動として

の1泊2日の社員体験型研修を進めていった。人事部では，「すべてのバリューチェーンの人が関われる機会を持とう」という考えで，広く参加者を募った。予想以上の応募があり，研修参加者の話が社内報で取り上げられ，回を重ねるにつれて，自分も活動に加わりたいという意識をもつ社員が増えていった。結果的に，3回目までにすべての部門から最低ひとりは参加してもらうことができた。

（5）　実行：2018年度の支援活動

2年目にも台風対策が施され，農場に防風ネットを設置した。9月末に徳之島が台風24号の暴風域に入り，家屋の倒壊や停電をはじめ，甚大な被害を受けたが，専用農場への影響が軽微で済んだのは，この防風ネットのおかげである。さらに，コーヒーノキのまわりに風よけで植えていた観葉植物も効果があった。これは，生産者会副会長が長年の試行錯誤の末に考え出した台風対策の知恵である。しかし，農場のビニールハウスの支柱がなぎ倒され，ビニールが飛んでしまったこともあり，11月には社員6名を派遣して復旧作業を行っている。

また，台風対策以外にも幅広い支援を行うことになった。生産者側からは，当初は台風のことしか話が出てこなかったが，その後ぽつりぽつりとさまざまな課題を語ってくれるようになったからである。具体的には，農園およびビニールハウスの管理費の支給，M社部長が徳之島での栽培に合う品種を選別して4千個を調達した種子の供給，M社経由でコロンビアから輸入した電動式パルパーと呼ばれる果肉除去機の設置を行った。

さらに，PTでは台風被害の前に5回実施していた社員研修の内容を見直すことになった。それまでは作業は2日目だけで，植え付けや実の収穫といった"華やかな作業"が中心の体験型であったが，生産者との交流が深まるにつれ

て，本当にやってほしいことがわかってきた。2019年度からは事業に直接関係する部門や九州支社の若手・中堅社員を中心に，少数精鋭で農場整備の重労働に耐えられる人材派遣型に変更することにした[1]。

(6)　再行動：2019年度の支援活動

　3年目，AGF社内の体制に変更があった。6月末，副社長が退任したことで，7月以降，生産関連部門を統括する取締役が新オーナーに就任した。また，同時期に原料・包材の購買政策機能を味の素グループ全体で統合したことにより，購買部が廃止された。新しく設置されたSCM推進部の部長が新リーダーになり，同部の生産支援グループが生豆の購買政策の立案，原料・包材の取引や在庫管理に加えて，PTの事務局として調達におけるASV活動を推進する役割を担うことになった[2]。

　支援については，早期の商品化へ向けて生産量を増やすために，台風対策に加えて育苗数の増加，育苗場所の拡大，栽培試験に関する活動を行った。播種，鉢上げ，水やり，施肥，除草，防虫管理などの育苗作業には手間ひまがかかり，AGFの社員を派遣するだけでは人手が足りない。そこで，島内の障がい者施設3ヵ所と徳之島高校の協力を仰ぐことになった。また，各種の栽培試験を鹿児島県農業試験場徳之島支場と徳之島高校にお願いした。これらの組織への協力依頼は，島内での付き合いが長い生産者会側からの提案を受けたものであり，AGFのPT事務局担当者が各所を訪問して説明し，快諾を得て進められている。

(7)　再行動：プロジェクトの継続とコロナ禍での活動

　プロジェクトの契約が終了する前に主体となる4者で協議し，2020年4月以降もプロジェクトを継続することが決まった。苗木の本数をさらに増やしていくことになったが，新型コロ

ナウイルス感染症拡大の影響で，AGFから社員を派遣することができない。植え付けは生産者会の会員で行ったが，育苗作業は引き続き，障がい者施設と徳之島高校に協力してもらった。これらの施設・高校による協力は，2021年度以降も継続している。それでも，行き届いた育苗作業を行うには人手が不足しており，2022年度には伊仙町町長の紹介で，アルコール依存症者の社会復帰を支援しているNPOに作業を委託することになった。

　島を直接訪問することができなくなっても，AGFはテレビ会議で生産者会と継続的にやりとりしている。会議は毎月開催され，毎回，プロジェクトの主体の生産者会から会長と2名の副会長，伊仙町役場から2名の担当者と3ヵ月に一度は町長，M社から飲料原料部長と2名の担当者，AGFからPTのリーダーおよびメンバー数名と3ヵ月に一度は社長が出席している。会議はAGFが進行し，生産者から現地での生育状況等が報告される。AGFも社内PTの検討結果を伝えている。そういった情報を4者で共有し，課題解決についての議論や意思決定が行われる場となっている。

(8)　プロジェクトの成果

　本プロジェクトの成果について，収穫量は2017年度の45kgから2019年度には120kgに増えたが，2020〜21年度はコロナ禍の人手不足で育苗作業を十分に行えず，それぞれ69kg，30kgと減っており，当初の見込みよりも少ない。しかし，育苗数は2018年3月末の約200本から2022年3月末には累計4,500本に達している。生産農地は，同じく8アールから48アールに拡大している。生産者数は，同じく17人から32人に増えている。移住者を含めて，20〜30代の若手が増加しており，70歳以上の高齢者が多かった生産者の次世代への継承が進んでいる。

3-3. 発見事実の整理

　AGF の事例について，図1の枠組みにそっ
て発見事実を整理する。まず成果については，
本稿ではこの事例の社会的価値に注目してい
る。生産者会はコーヒーを島の産業のひとつに
育てたい，次世代に継承していきたいという思
いを抱いており，AGF の支援による成果（育
苗数・生産者数の増加，生産農地の拡大）は徳之
島におけるコーヒー産業の育成や農業経営の継
承が進んでいることを表している。つまり，徳
之島コーヒー生産支援プロジェクトは社会的価
値を創出していると言える。

　次に，組織内および組織間の協働について
は，形成，実行，再行動の３段階に分けて，第
２節第２項で挙げた活動に該当するものを抽出
して図２に整理した。これらの活動間の関係お
よび理論的な解釈については，次節で議論す
る。

4. ディスカッション

4-1. 形成段階

　徳之島コーヒー生産支援プロジェクトの背景
には，ASV と呼ばれる AGF の経営理念があ
る。これは，味の素グループのミッションとビ
ジョンを実現するための中核であり，AGF が
味の素の子会社となった後に社内で共有されて
いった。津田（2013）は，「企業が片手間的で
なく，経営の一環としてソーシャルビジネスへ
関与する場合には，（中略）経営理念や経営政
策が少なくともソーシャルビジネスへの関与を
受け入れるように設定されている必要がある」
（104-105 頁）と述べている。ここで問題になる
のは，津田（2013）でも指摘されているよう
に，そうした理念が事業の中で具現化されるか
否かである。AGF の場合，ブランド強化に向
けた社員の思いと経営トップによる ASV ベー
スの調達戦略が合致している（図２の矢印 a）。
つまり，経営トップ主導で意思決定して現場に

図2　徳之島コーヒー生産支援プロジェクトにおける組織内・組織間協働

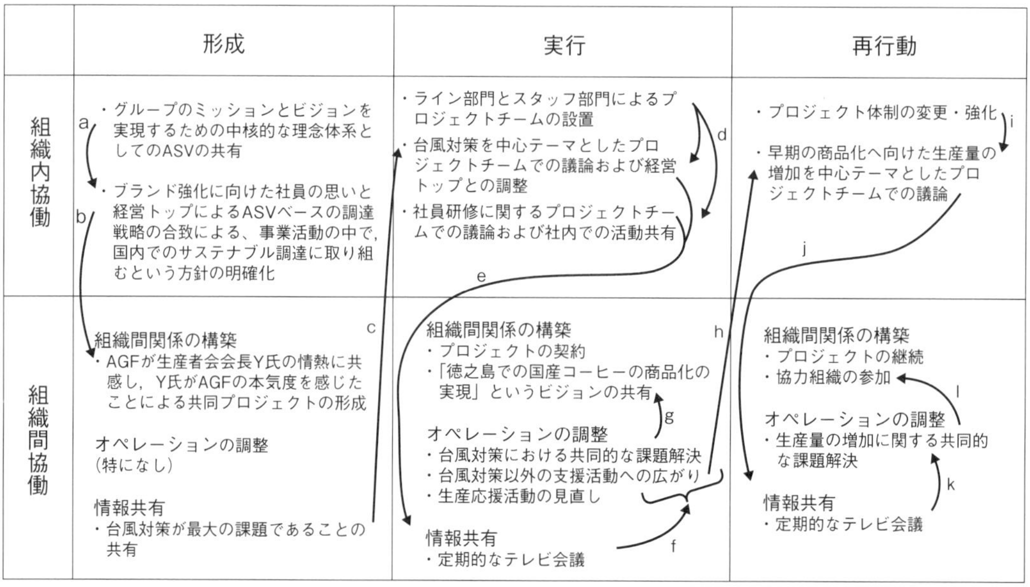

降ろしたものではなく，トップと現場の協働によって，事業活動において，国内でのサステナブル調達に取り組むという方針が明確になったと考えられる。

そのため，取引先である商社が見つけた徳之島の生産者との面会にあたって，AGF は最初から専務が会社を代表して足を運び，二度目の訪問で契約や支援の話をしている。しかし，同社がこのような提案をしたのは，国産コーヒー豆を使った商品の実現という自社の目的を達成するために必要な資源を獲得しようとする「戦略的意図」（大倉，2014）だけではないと考えられる。なぜなら，同島でのコーヒー豆の生産量は当時まだ少なく，毎年のように強烈な台風が襲来することがわかっていたからである。そのような状況でも，AGF が徳之島を「真のコーヒーアイランド」にしたいという（Y 氏から見て）「まさかの打診」をしたのは，徳之島でのコーヒー豆の生産に対する Y 氏の情熱的な思いに共感したからではないか。二神（2008）は，企業は NPO との協働において，非営利的な動機でも行動すると述べており，例えば「熱意（enthusiasm）」（Kanter, 1994, p. 99）を挙げている。つまり，AGF が Y 氏の情熱に共感し，Y 氏は AGF の本気度を感じたことで，「純国産コーヒーの実現」という夢を一緒に追いかける共同プロジェクトの形成につながったのではないかと考えられる（矢印 b）。

AGF は生産者との面会を通じて，台風対策が最大の課題であることがわかった。これは，「技術課題に対する参加組織間の相互認識」（佐々木，2009，12 頁）に近い。ここで，AGF が提案した台風対策の施策に対する生産者の「そんなもんじゃない」という様子から，同社はこの時点では技術課題を十分に理解できていないことがわかる。しかし，これは後の実行段階において，AGF 社内の PT が台風対策を中心に議論を進めることにつながっていく（矢印 c）。

4-2. 実行段階

契約締結へ向けて AGF 社内に PT が設置され，オーナーには専務が就いている。トップに役員を配置するのは，よくある体制であろう。めずらしいのは，ライン部門とスタッフ部門，すなわち購買部や生産統轄部，開発研究所といったものづくりに直接的に関わる部門と，人事部や広報部といった間接的に支援する部門で編成されているということである。クロスセクター協働およびサプライチェーン協働の両方の領域における実証研究において，筆者らの知る限り，同様の現象は取り扱われていない。人事や広報といった部門が PT に加わるメリットは，教育の一環としてプロジェクトに社員を巻き込み，それを社内で広めることができる点である。これにより，事業活動の中での社会貢献活動について，事業に直接的に関与する主要職能部門だけでなく，間接的に寄与する補助職能部門を含めて，全部門の社員が関われるようになるのである。こうした体制の下，AGF では台風対策と社員研修の検討を進めていった（矢印 d）。

組織間ではプロジェクトの主体 4 者が出席するテレビ会議を毎月開催しており，AGF は社内で議論・調整した結果をこの場で共有している（矢印 e）。加えて，同会議は課題解決についての議論や意思決定が行われる場となっている（矢印 f）。生産者が抱える台風対策以外の課題や生産応援で本当にやってほしいことが徐々にわかり，活動の広がりや見直しにつながっていったのは，テレビ会議が小島・平本編（2011）の言う「協働の場」（24 頁）となり，共有されたコンテクストの中で理解を深めていく現象だと解釈される。

台風対策では，共同的に課題を解決している。施策検討に当たっては，AGF の購買部長が奮闘しており，予算超過した際に社長・副社長に直訴して，承認の意思決定を引き出したり，味の素の研究所から肥料を調達している。2018 年 9 月に，徳之島は大型台風で甚大な被害を受けたが，コーヒーノキへの影響は軽微だった。農場に設置した防風ネットが効いたとされるが，これは約 2 年前に台風の話を聞いてから購買部長が東奔西走し，ようやくたどりついた施策だと見られる。そこに生産者会副会長による観葉植物を活用する知恵も合わさっている。さらに，M 社の部長も課題解決に加わっている。同部長は低木品種の種子を調査・調達し，徳之島での栽培に合う品種を選別している。この行動には，コーヒー豆の輸入業務を通じて形成された人脈や蓄積された知識が活かされていることが伺える。重要なのは，これはプロジェクトの契約書に記載された役割であるコーヒー豆の物流・保管を超えた行動であり，同部長の意思で行われているということである。

　以上のように，仕事を通じて形成された人脈や蓄積された知識，経験的に培った知恵，調整力といった資源や能力を生かして最大の課題である台風対策を共同で解決する様子は，Bryson, et al.（2006）がクロスセクターによる「情報，資源，活動，能力の連結あるいは共有」（p. 44）と表現する現象だと言えるのではないか。また，M 社部長の役割を超えた行動については，佐々木（2009）が言うように，新価値創造型コラボレーションにおいてセクター間の境界があいまいななか，セクターの役割機能を代替補完する行動だとみなされる。すなわち，必要な資源や能力を有する人・組織が自らの意思で関与することが課題解決に結びつくことを顕著に示しているのが同部長の行動である。

　上記のように，AGF の購買部長は台風対策に尽力しているが，契約締結に向けて社内で動き始めた頃，つまり実行段階の初期は，まだ商品化の可能性は低いと感じていた。契約時に「徳之島での国産コーヒーの商品化の実現」というビジョンが設定されるが，AGF の PT リーダーである購買部長でさえ，信念をもって共有できていたわけではないことを意味する。セクター間のコンフリクトを避けるために，この段階ではこうしたビジョンや目標を明確にすることが求められる（松野，2021）が，本プロジェクトでは成果目標は明文化されておらず，漠然としたビジョンが設定されているだけである。しかも，そのビジョンについても設定イコール共有とは言えず，台風対策における共同的な課題解決の実際の活動を通じて共有されていったと推察される（矢印 g）。

4-3. 再行動段階

　2019 年度からはいくつかの変化が見られる。AGF 社内では PT の責任者であるオーナーとリーダーが交代した。併せて，調達における ASV 活動を推進する生産支援グループが設置され，事務局となった。これは，社内体制の強化とみなしてよいだろう。こうした新たな PT の下で，議論されるテーマについても，前年度に把握した新たな課題や要望を踏まえて（矢印 h），それまでの台風対策と社員研修という 2 本立てから，それらを包含した「早期の商品化へ向けた生産量の増加」へと発展した（矢印 i）。

　プロジェクト 4 者間のテレビ会議は継続して開催されており，AGF が社内で議論した結果をこの場で共有する流れも同じである（矢印 j）。生産量の増加に関する共同的な課題解決の方針もその場で決められている（矢印 k）。これは，コロナ禍でも変わらない。こうした現象は，松野（2021）の言葉を使えば，「定着」と

呼んでよいだろう。前年度までと異なるのは，島内の障がい者施設，高校，農業試験場といった，契約主体以外の協力組織がプロジェクトに参加したことである。これは，東（2009）が「拡張」と表現する，他のアクターを巻き込んで協働が発展する現象とみなすことができる。生産量の増加という発展的な課題を解決するために，契約主体だけでは足りない資源や能力について，協力組織から労働力や研究力を提供してもらっている（矢印1）。小島・平本編（2011）も言うように，「継続的な参加者が提供できない活動を，一時的な参加者が提供することによって，協働の進展が可能となる」（306頁）のである。

5. おわりに

本稿では，AGFによる徳之島コーヒー生産支援プロジェクトの事例をクロスセクター協働と捉え，AGFを焦点組織として，組織内および組織間の協働を形成・実行・再行動の3段階に分けて分析した。同様のアプローチを採用した研究が少ないなか，企業が事業活動の中での社会貢献活動を成功させる要因として，この事例から次の2点を抽出することができる。

第一に，第2節第1項で述べたように，ライン部門の活動によって，事業活動を通じて社会的課題の解決に取り組むという理念が社内に浸透することについては，横山（2003）でも指摘されてきた。本稿の事例を通じて明らかになったのは，主管となるライン部門がそうした理念を本業の中で実践していく過程で，経営トップや他部門との調整・連携を通じて，役職や部門を越えて理念を浸透させていく必要があるということである。例えば，異なるセクターとの関係を形成する段階では，自社にとって都合の良い戦略的な意図だけでなく，非営利的な動機で

動くことが求められる局面もあるだろう。そうした場合，常に理念をベースとして，トップと現場が一丸となってすばやく判断・行動できるようにしておかなければならない。実行段階では，ライン部門が主管部門となるプロジェクトチームに，広報や人事といったスタッフ部門を巻き込むことで，会社が理念の実践に挑戦していることを社内に広く伝えたり，現場以外の社員が関与できる仕組みをつくることができる。再行動段階では，主管部門の変更やそれに伴うPTの責任者の交代があっても，実践を通じて理念を浸透させておくことができれば，組織内・組織間の協働に負の影響を及ぼすことはないはずである。

第二に，同様に第2節第1項で述べたように，横山（2003）はライン部門がNPOと対話することで信頼関係が構築されると述べている。実行段階以降においても主体が一堂に集まり，情報共有や議論を通じて理解を深めていく組織間協働の場に，ライン部門が積極的に関わることが求められる。本稿の事例では，地理的に離れていたり，コロナ禍であっても，テレビ会議のような協働の場をライン部門が運営して，技術課題に対する社内の検討結果を伝えたり，定期的に経営トップが同席する様子が見られた。クロスセクター協働の成功要因を実証したBarroso-Méndez, et al.（2016）を参考にすれば，実行段階でのそうした積極的な「関与（commitment）」が異なるセクターの間でのコンテクストの共有に寄与する。そして，このような場でさまざまな人・組織が有する情報，資源，活動，能力を連結・共有して，難しい技術課題を共同で解決することを通じて，漠然と設定されたビジョンの共有が促進される。さらには，ニーズや状況にそった活動の見直し・広がりを含む「関係性の学習（relationship learning）」をもたらし，再行動段階へと発展してい

くのである。

　本稿では，企業が事業活動の中での社会貢献
活動を成功させる要因を導き出すために，組織
間協働と組織内協働を同一の枠組みの中で分析
しようとした。組織間協働や組織内協働を促進
するために，ライン部門にはどのような協働ス
キルや越境能力が求められるのか，さらにそう
した本業を通じた社会貢献活動を社会全体に広
げていきながらソーシャル・イノベーションと
して結実していくための要件は何かといった点
についての理論的・実証的研究が今後の課題と
なる。

謝辞
　本稿の作成にあたっては，学術研究助成基金助成
金基盤研究（C）（課題番号：20K01951）の助成を
受けました。本稿作成にあたり，味の素 AGF 株式会
社の皆さまと徳之島コーヒー生産者会の会長・副会
長には惜しみなく情報をご提供いただきました。弘
前大学の大倉邦夫先生からは，草稿への貴重なコメ
ントを頂きました。審査の過程では，匿名レフェリー
の先生方から有意義なコメントを頂戴しました。本
稿の事例研究は，京都産業大学経営学部卒業生の妙
中沙妃さんの卒業論文がきっかけとなっています。
ここに記して感謝申し上げます。

(1)　2019 年までに計 7 回の研修が行われ，第 1 回か
らの累計で 91 名の社員が参加した。2020 年以降は
新型コロナウイルス感染症拡大の影響で，社員を
派遣することができなくなり，研修は中断してい
る。

(2)　2021 年 4 月からは，より戦略的に本プロジェク
トに取り組むために，生産支援グループを生産統
轄部内に移し，同年 7 月からは以前の購買部長が
新しく生産統轄部長に就いて，プロジェクトリー
ダーに復帰している。

〈参考文献〉

Alfalla-Luque, R., C. Medina-Lopez, and P. K. Dey (2013) "Supply Chain Integration Framework Using Literature Review," *Production Planning & Control*, Vol. 24, Issue 8-9, pp. 800-817.

Austin, J. E. (2000) *The Collaboration Challenge: How Nonprofits and Businesses Succeed through Strategic Alliances*, San Francisco, California: Jossey-Bass Publishers.

—— and M. M. Seitanidi (2012) "Collaborative Value Creation: A Review of Partnering Between Nonprofits and Businesses. Part 2: Partnership Processes and Outcomes," *Nonprofit and Voluntary Sector Quarterly*, Vol. 41, No. 6, pp. 929-968.

Barroso-Méndez, M. J., C. Galera-Casquet, M. M. Seitanidi, and V. Valero-Amaro (2016) "Cross-sector social partnership success: A process perspective on the role of relational factors," *European Management Journal*, Vol. 34, Issue 6, pp. 674-685.

Bryson, J. M., B. C. Crosby, and M. M. Stone (2006) "The Design and Implementation of Cross-Sector Collaborations: Propositions from the Literature," *Public Administration Review*, Vol. 66, Issue s1, pp. 44-55.

Gray, B. (1989) *Collaborating : Finding common ground for multiparty problems*, San Francisco: Jossey-Bass Publishers.

Kanter, R. M. (1994) "Collaborative Advantage: The Art of Alliances," *Harvard Business Review*, Vol. 74, No. 4, pp. 96-108.

Khanuja, A. and R. K. Jain (2020) "Supply Chain Integration: A Review of Enablers, Dimensions and Performance," *Benchmarking: An International Journal*, Vol. 27, No. 1, pp. 264-301.

Luthra, S., M. Sharma, A. Kumar, S. Joshi, E. Collins, and S. Mangla (2022) "Overcoming Barriers to Cross-Sector Collaboration in Circular Supply Chain Management: A Multi-Method Approach," *Transportation Research: Part E*, Vol. 157, Article 102582.

Porter, M. E. and M. R. Kramer (2011) "Creating Shared Value," *Harvard Business Review*, January/February, pp. 62-77.

Selsky, J. W. and B. Parker (2005) "Cross-Sector Partnerships to Address Social Issues: Challenges to Theory and Practice," *Journal of Management*, Vol. 31, No. 6, pp. 849-873.

Thomson, A. M. and J. L. Perry (2006) "Collaboration Processes: Inside the Black Box," *Public Administration Review*, Vol. 66, pp. 20-32.

Wong, C. Y., C. W. Y. Wong, and Sakun Boon-itt (2020) "Effects of Green Supply Chain Integration and Green Innovation on Environmental and Cost Performance," *International Journal of Production Research*, Vol. 58, No. 15, pp. 4589-4609.

Yin, R. K. (2014) *Case Study Research: Design and Methods, Fifth Edition*, Thousand Oaks, California:

Sage Publications.

東俊之（2009）「組織間コラボレーションの課題と展望」佐々木利廣・加藤高明・東俊之・澤田好宏『組織間コラボレーション：協働が社会的価値を生み出す』ナカニシヤ出版，pp.195-208。

一般社団法人日本経済団体連合会（2020）『社会貢献活動に関するアンケート調査』。

大倉邦夫（2014）「社会的協働に関する研究の動向」『人文社会論叢. 社会科学編』第31号，pp.27-49。

小島廣光・平本健太編（2011）『戦略的協働の本質：NPO，政府，企業の価値創造』有斐閣。

後藤祐一（2013）『戦略的協働の経営』白桃書房。

佐々木利廣（2009）「組織間コラボレーションの可能性」佐々木利廣・加藤高明・東俊之・澤田好宏『組織間コラボレーション：協働が社会的価値を生み出す』ナカニシヤ出版，pp.1-17。

──・加藤高明・東俊之・澤田好宏（2009）『組織間コラボレーション：協働が社会的価値を生み出す』ナカニシヤ出版。

──編（2018）『地域協働のマネジメント』中央経済社。

谷本寛治（2003）「NPO/NGO と政府・企業のコラボレーションの設計」『社会・経済システム』第24巻第0号，pp.39-45。

──（2014）『日本企業のCSR経営』千倉書房。

津田秀和（2013）「企業とNPOの協働事業の形成過程に関する一考察（1）」『経営管理研究所紀要』第20号，pp.103-113。

福永朱里（2019）「社会貢献を語るには，まずは拡散した貢献の概念の整理から」『企業と社会フォーラム学会誌』第8号，pp.32-39。

二神恭一（2008）「内的コラボレーションと外的コラボレーション」日置弘一郎・二神恭一編『コラボレーション組織の経営学』中央経済社，pp.147-167。

松野奈都子（2021）『NPOと企業のパートナーシップの形成と実行』中央経済社。

横山恵子（2000）「企業の社会的価値創造プロセス：先進的企業の事例研究：ザ・ボディショップ・インターナショナル社」『日本経営倫理学会誌』第7号，pp.163-172。

──（2003）『企業の社会戦略とNPO：社会的価値創造にむけての協働型パートナーシップ』白桃書房。

62　企業と社会フォーラム学会誌，第 12 号，pp. 62-71，2023

児童労働問題解決に向けたブロックチェーントレーサビリティシステムの構築
——コートジボワールのカカオ産業における実証実験

若林　基治

独立行政法人国際協力機構（JICA）

小野　美和

デロイト トーマツ コンサルティング合同会社

キーワード：ブロックチェーン，トレーサビリティシステム，児童労働

【要旨】

　本稿は，カカオ産業における児童労働問題を正しく把握することを目的として，ブロックチェーン技術を活用したサプライチェーントレーサビリティシステム構築の実証実験の実施内容と，その社会的意義について述べるものである。児童労働問題の解決に向けて適切な是正措置を実施するには，実態を正しく把握し，サプライチェーン上で情報が改ざんされることなく適切に伝達されることが必要である。その点において，ブロックチェーン技術は，データを書き換えることのハードルが非常に高く，複雑なサプライチェーンにおいて透明性を確保しながら情報をトレースできるという点でたいへん有効な技術である。しかしブロックチェーン技術には，最初に格納するデータの正確性を担保する機能は持ち合わせていない。そこでブロックチェーン技術を活用したトレーサビリティシステムの構築においては，格納する情報の正確性が担保されていることが求められる。

　実証実験では，ブロックチェーンに格納する児童労働の実態を正しく把握するため，国際 NGO の児童労働モニタリングチームの協力を得つつ，学校の出席情報も活用して児童の通学状況を把握し，正しい情報の入力を促すためのインセンティブ設計を行っている。なお本稿の前提として，本実証実験は児童労働を通学できない状況を生み出す労働と定義し，同実態の情報を正しく把握することを目的としており，児童労働問題の発生要因や，解決策について述べるものではない。実証実験の結果得られた考察は，①上位者の意思決定獲得の重要性，②児童の出席情報を記録する学校に対するインセンティブの重要性，③社会実装のため，対象地域を集約しエリアベースで実施することで効率的なモニタリングが可能，④オフラインで動作するネイティブアプリの開発の必要性，の 4 点である。

投稿：事例紹介・解説（2023. 2. 15 受付／2023. 5. 30 受理）

1.　背　景

　ブロックチェーン技術は，satoshi nakamoto が電子マネーの偽造と多重使用を防ぎ，信用によらずに金融取引を行うシステムを提唱したことに端を発し，発展してきた技術である。ブロックチェーン技術はビットコインに代表されるように仮想通貨の取引に用いられているが，「情報の改ざんが難しい」，「信用に依存しない」，「情報を追跡できる」，「透明性を確保できる」といった特徴を備える。そのため，次世代のプラットフォームとしてさまざまな用途での活用が期待されている。例えば，複雑で長く，多くのステークホルダーが関係するサプライチェーンの課題を「監査可能性」，「不変性」，「リアルタイムトラッキング（透明性）」，「直接的な管理」により，従来型データベースと異なり，多岐にわたるステークホルダーに対して一つのファクト（Single Source of Truth）を提供することができる。実際ブロックチェーン技術がサプライチェーンに与えるプラスの影響についてシミュレーションが行われ（Wamba and Queiroz, 2019），さまざまな産業に与える影響が研究されている（Modgil and Sonwaney, 2019）。具体的には，ブロックチェーン技術によるスマートコントラクトがイギリスの建設業に与える影響や（Wang, et al., 2021），サプライチェーンの透明化にブロックチェーン技術を活用したユースケースを，産業だけでなく環境問題や人道支援等社会課題も含めて包括的に紹介している（Rejeb and Rejeb, 2020）。また，人道支援において，適切な組織選定にブロックチェーン技術によるスマートコントラクトを用いている事例もあり（Rejeb and Rejeb, 2020），ビジネスの課題だけでなく社会的課題の解決に用いられる事例も報告されている。

　しかし，ブロックチェーンをベースにしたサプライチェーンの透明性と持続可能性にかかわる研究は十分ではない（Bai, Quayson, and Sarkis, 2022）。また，ブロックチェーン技術をトレーサビリティに活用する際の課題として，既存の論文の多くは，データ収集後の運用に着目しており，データ収集過程の安全性や正確性が無視されていることが挙げられる（Hang, et al., 2020）。農業分野におけるブロックチェーン技術とトレーサビリティに関する研究においても，一度ブロックチェーンに格納された後の誤りについては特定することが可能であるが，最初に格納されるデータの正確性に関する研究は十分ではない（Mirabelli and Solina, 2020）。例えば農業生産管理においては，IoT 機器を通じて収集したデータをブロックチェーンに格納する際に情報の正確性が課題であった。そこでブロックチェーンに格納する情報の信頼性を高めるため，センサーを活用した研究が行われている（Bai, et al., 2021）。カカオセクターにおいては，政府機関や農業組合などのステークホルダーを通じてデータ収集する必要があるが，これらのデータを第三者が適切に検証できない場合，情報の信頼性については常に懸念が残る（FAO and Wageningen University & Research, 2022）。よって本稿においては，最初にブロックチェーンに格納する情報の正確性を担保するための設計を行い，実証実験を行った。

　社会課題にブロックチェーン技術を活用した例としては，特にカカオ産業に従事する児童労働防止の事例が報告されている（Senou, et al., 2019）。カカオのサプライチェーン透明化に関する例としては，前述の児童労働以外にも，農家の中間搾取を防ぐ目的でブロックチェーンが使用されている例や（Kraft and Kellner, 2022），サプライチェーンの透明化がカカオ産業の持続的な発展につながることを示した研究が報告さ

れている（Bai, et al., 2022）。

児童労働問題は日本では大きく取り上げられていないが，世界で子どもの10人に1人[1]，アフリカでは5人に1人が児童労働に従事しているといわれており，カカオ農園やコットン農園など，アフリカやアジアなどの農林水産業を中心に，劣悪な環境や低賃金で児童が労働に従事させられている。児童労働とは，ILOの定義によると，義務教育を妨げる15歳未満の子どもの労働と，18歳未満の危険で有害な労働[2]のことである。

独立行政法人国際協力機構は，デロイト トーマツ グループを委託事業者として，コートジボワール国において「ブロックチェーン技術を活用した児童労働の防止に係る情報収集・確認調査」を2021〜2022年にかけて実施し，児童労働の現状を正しく把握するためにブロックチェーンを活用した実証実験を行った（国際協力機構，2022a）。前述の通りブロックチェーン技術は，ブロックチェーンに格納された後の情報は改ざんが困難であるが，格納される前の情報の正確性を担保するものではない。つまり最初に格納されるデータの正確性を高めるための仕組みが求められている。

児童労働は，児童が学校に通わずに労働に従事することであるため，まずは児童を学校に通わせることが解決の一歩となる。よって児童の通学状況を正しく把握することが必要である。また現状を正しく把握したうえで適切な教育環境の整備やコミュニティの支援につなげることが可能となる。本実証実験においては，農家に対して，正しい情報，つまり日々の児童の労働に関する情報をありのままに入力することを促すインセンティブを設計し，学校の出席データと突合することで，ブロックチェーン上に格納する情報の正確性を検証した。またそこで得られる児童労働や学校の出席に関する情報をもとに，児童労働が起きる背景を探ることも可能である。ただし本稿はブロックチェーン上に格納する情報の正確性を検証したものであるため，児童労働が起きる背景に関する分析は，対象外とする。

2. 方　法

コートジボワール国は世界のカカオの50％近くを算出する世界最大の生産国[3]であり，2020年発表のシカゴ大学の調査報告書において5〜17歳の子どもの約45％（約156万人）がガーナとコートジボワールのカカオ産業に従事していると報告されるなど，児童労働が大きな社会問題になっていること，また同国からカカオを輸出しているETC Group Limited（以下，ETG社）の協力を得られることから実証実験対象国として選定した。本実証実験はカカオの収穫期である2021年11月10日〜19日の10日間と同年11月29日〜12月14日まで16日間の2期間，コートジボワール国のガニョア地域の3コミュニティで行われた。ただし最初の期間は1コミュニティのみで行い，その教訓を後続の実験に反映させたうえで，次の期間で実験を行った。この実証実験では，コートジボワールでカカオを栽培し，輸出しているETG社の協力により，同社の買取先農園のうち，①村内に学校があり，これまでETG社が児童労働防止にかかる啓蒙活動（現地の表現で，Sensitizaionと呼ぶ）を行ってきた村，②村内に学校があるが，これまでETG社が児童労働防止にかかる啓蒙活動を行ってこなかった村，③学校が村内になく，これまでETG社が児童労働防止にかかる啓蒙活動を行ってきた村，④学校が村内になく，これまでETG社が児童労働防止にかかる啓蒙活動を行ってこなかった村，で分類し，合計8つの村で実証実験を行った（表1

表1　実証実験対象村

コミュニティ	村名	対象農家数	対象児童数	村内の学校有無	Sensitization	通信ネットワーク	電力グリッド
コミュニティ A	Petit Toumodi	51	51	あり	あり	あり（微弱）	なし
コミュニティ B	Nanafoue	48	9	なし*	あり	あり（微弱）	なし
	Djekro		21	なし*	あり	なし	なし
	Somlakro			なし*	あり	あり（微弱）	なし
	Amani Kouassikro			あり	あり	なし	なし
コミュニティ C	Petit Bouake	54	11	あり	あり	あり（微弱）	なし
	Koffikro		6	なし*	なし	あり（微弱）	なし
	Behibro		18	あり	なし	あり	なし

*村内に学校はないが，近隣村の学校に通っている。

参照）。ただし，農家数や児童数は厳密に区分できておらず，複数村での合計で示している場合もある。

本実証実験において，児童労働問題の解決には，児童が学校に行けるようになることが最も重要であると考え，学校の授業時間内の児童の労働有無について調査を行った。例えば，土日祝日の軽作業および，平日も学校に行っていれば，空き時間（早朝・昼休み等）の作業は児童労働に該当しないとする（この点においては，前述の ILO の厳密な定義とは異なる）。一方で，学校の授業時間中に労働した場合は，労働内容にかかわらず児童労働に該当すると定義する。また，危険有害労働は，学校の有無にかかわらず児童労働と定義した（この点は，ILO における児童労働の定義と一致する）。また本実証実験においては，対象エリアの中学校が遠く，在籍する生徒が少数だったため，小学生を対象とすることとした。

本実証実験では，ブロックチェーンの仕組みを使った「農家グループアプリ」，「学校アプリ」，「CLMRS 確認アプリ」の3種類のアプリシステムを構築し，関係者が児童労働防止の活動に継続的に関与し，正しい情報入力を促すためのインセンティブを設計した。CLMRS とは，スイスに本部を置く国際 NGO, International Cocoa Initiative（ICI）の児童労働監視改善システム（Child Labour Monitoring and Remediation System：CLMRS）のことであり，本実証実験においては，農家，学校に加え，児童労働防止に向けた活動を行っている CLMRS エージェント（以下，監査人）も実証実験に参加した。

各アプリの機能は次のとおりである。農家グループアプリでは，農家で労働している児童の勤怠情報（労働時間・労働内容）を申請・確認できる機能を実装し，学校アプリでは，先生が児童の出欠情報を申請・確認する機能を実装した。CLMRS アプリでは，農家グループと学校からの申請情報の矛盾（不明・不一致）を確認し，矛盾があった場合は監査人が現地監査（児童や親へのヒアリング調査等）を行い，児童の勤怠情報／出欠情報を更新する機能を実装した。また危険有害労働を行った児童や，未申請の農家グループ・学校を確認する機能を実装した。またそれぞれの入力者が，獲得したポイントを確認できる機能も実装している。従来，監査人は年に数回の監査しか行わず，日常的に児童労

働のモニタリングを実施しているわけではない。しかし本実証実験では，児童労働の状況を正しく把握するためにモニタリングの頻度を上げることで正確性を高めた。よって監査人の作業工数は増加するためコスト増となるが，実際の監査人の作業工数は従来型のモニタリング業務とは異なり，データに矛盾があった時に確認をする作業となるため（日々の情報は農家と学校が入力），業務の効率化と情報の正確性の向上を両方実現することが可能であると想定した。

　インセンティブ設計は次のとおりである。農家向けには，継続的なデータ入力に対して日々1ポイントを付与し，次に学校の入力データと矛盾がないこと，つまり入力内容が正しいという点に対して，ポイントを付与した。加えて児童労働や危険有害労働がないと確認された場合にもポイントを付与した。そしてこれら要件を満たす児童の割合が70％以上であれば1ポイント，80％以上であれば2ポイント，90％以上であれば3ポイント，100％であれば4ポイン

トを農家グループに付与した。加えて実証実験期間を通じて，かつ農家グループ全体として一定の成績を達成した場合にのみ別にポイントを付与した。これは児童の登校率が90％以上を満たすコミュニティが獲得できるものである。金額としては，1期間あたり4,000 XOF（セーファーフラン）×農家数を，2回に分けて付与した。なお継続的なデータ入力に対し1ポイントが付与された農家グループに属する農家は，一人あたり10 XOF（約2円相当）を後日受領することができる。学校の先生向けのインセンティブとして，データ入力に対し日々1ポイントを付与した。次に入力内容が正しい場合（農家入力データと矛盾が無いこと）に日々1ポイントを付与した。学校の各ポイントは1ポイント＝4,000 XOFで換算し，適宜学校のリクエストに応じて予算内の物品を提供した。なおデータ入力とインセンティブの流れは図1の通りである。

　システムは，DLT Labs社が提供するブロックチェーンプラットフォーム「DL Asset Track」

図1　本実証実験の仕組み

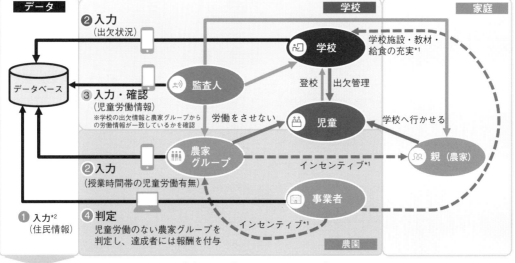

を活用し構築した。アプリで入力されたデータ（勤怠／出欠情報やポイント履歴，証明書など）は，ブロックチェーン（HYPER LEDGER FABRIC）に格納されるが，個人情報（児童名など）は GDPR（General Data Protection Regulation）ガイドラインの基準を満たしたオフチェーン（RDB）で管理される。今後，ステークホルダーが増えた場合は，API を公開することで情報共有できる柔軟な設計を採用しており，またブロックチェーンの種類も HYPER LEDGER FABRIC に限定しない構成としている。将来的にはここで一定期間蓄積された情報から農家コミュニティの信頼指数をポイント化し，農機具のレンタルや調達コストを融通する等，トークンエコノミーの活性化も検討し得る。

3. 結　果

　実証実験期間中の申請対象数 2,366 件[4] のうち，農家グループ代表者の申請率は 100％ であった。一方で，学校の申請率は 95.6％ であり，未申請が 103 件発生した。また児童労働がなく学校に通っていると報告されたのは 2,250 件（95.1％），一方で児童労働の報告件数は 116 件（4.9％）であった。なお児童労働報告件数 116 件のうち，学校が休日であった場合の申請件数が 102 件であり，学校がある日はほとんど児童労働がないことを確認できた。また，農家グループ代表者・学校の申請結果の不一致が発生し，監査が必要なケースが 40 件報告された。これらについては，監査人が現地に訪問し，学校，農家の双方にヒアリングを実施した。その結果，児童労働を報告した申告に 6 件の不一致が見つかった。内訳は学校側の申告の誤りが 1 件，農家グループの代表の申告の誤りが 3 件，両方の申告が正しい，つまり半分は労働し，半分は学校に来ていたケースが 2 件，で

あった。ただし，農家グループの代表の申告の誤りは故意なものではなく，農家からの申告を誤解したものだと報告されている。また児童労働はなく学校に通っていると報告した申告のうち，34 件に不一致が見つかった。内訳は学校側の申告の誤りが 4 件，農家グループの代表の申告の誤りが 2 件，両方の申告が正しいケースが 28 件，であった。28 件の内訳としては実証実験期間中に退学したものが 10 件（1 名），遅刻して参加した事例が 5 件，病欠が 3 件，学用品を持っていないため教師の指示で早退した事例が 10 件であった（図 2 参照）。これらの不一致の事例は，児童労働を報告した申告のうち不一致のものは，基本的に児童労働を行っており，児童労働を行っていないと報告した申告のうち不一致のものは，基本的に児童労働を行っていないとみなすことができる。したがって非常に高い確率で農家グループの代表側，学校側とも正しい申告を行っているとみなすことができる。

　申告した農家については，スマートフォンを所持していると回答した割合は 22％，自宅でインターネットを利用していると回答した割合が 6％ 程度であること，また，対象村はいずれも電波の状況がおもわしくないことから，複数の児童の親から得た情報を農家グループの代表が特定の場所で入力する形をとることにより，不十分な環境でも情報の正確性が担保されるものと考えられる。

　インセンティブの金額については約 66％，頻度は約 77％，内容は 91％ の農家が大変満足，ないしは満足と回答していることから，農家の満足度は一定程度高いと考えられる。他方，学校については金額ではなく，物品と交換可能なポイントをインセンティブとして付与している。学校の教師の回答のうち，ポイントの額は約 38％，付与の頻度については 69％，内

図2　小学校農家グループ代表による申請の結果（16日間）

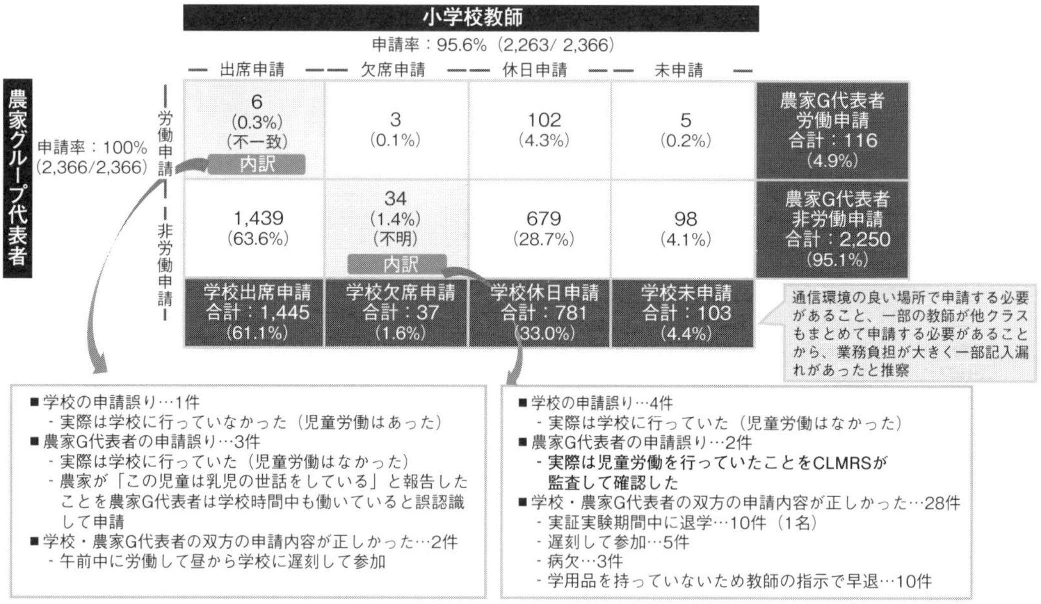

容については92％の教師が大変満足，ないしは満足と回答している。頻度，内容には大きな不満はないものの，インセンティブの量についてはより大きいものを期待していることがうかがえる。

　今後のインセンティブの付与については，回答農家の13％しか銀行口座を所有しておらず，また約85％がモバイルマネーを利用した経験をもつことから，農家に直接インセンティブを渡す仕組みとして今後モバイルマネーを活用することが有効と考えられる。

　今回実証実験で開発したアプリの申請方法については，農家グループのリーダー，学校とも100％が「大変申請しやすい」，ないしは「申請しやすい」，と回答していることから，当該アプリの申請方法は十分簡便なものとみなすことが可能である。

　各村の違いについては，2021年11月29日〜12月14日までの調査期間（16日間）において，調査対象の8村のうち Petit Toumodi，Somlakro，Petit Bouake，Koffikro，Behibro

の5村から児童労働の申告があった。このうち児童数あたりの申告数を比較した場合，コミュニティーCに属している Petit Bouake，Koffikro，Behibr の3村が他の2村と比較し2倍以上高く，特に Behibro 村では18倍以上と極端に多かった（表2参照）。これまで ETG 社は児童労働防止にかかわる啓蒙活動を Koffikro，Behibr の2村で行っておらず，この事実は本結果と符合する。また村での学校の有無はこの結果からは特に影響が認められないが，Behibro 村は村に学校があるものの住居から学校までの距離が遠いなどの特徴があったと現地調査で報告されている。また児童労働は土日に集中していることが確認されている（表3）が，特に土曜日に集中しており，Behibro 村だけは日曜日も児童労働を多く行っていることが確認された。

4.　考　察

　本実証実験の結果，得られた考察は，①上位

表2　各対象村の児童労働申告数（16日間）

コミュニティ	村名	対象農家数	対象児童数	村内の学校有無	Sensitization	合計申告数16日間の延数	延申告数／対象児童数*100
コミュニティA	Petit Toumodi	51	51	あり	あり	12	23.5
コミュニティB	Nanafoue	48	9	なし*	あり	0	0.0
	Djekro		2	なし*	あり	0	0.0
	Somlakro		12	なし*	あり	3	25.0
	Amani Kouassikro		8	あり	あり	0	0.0
コミュニティC	Petit Bouake	54	11	あり	あり	6	54.5
	Koffikro		6	なし*	なし	3	50.0
	Behibro		18	あり	なし	84	466.7

*村内に学校はないが，近隣村の学校に通っている。

表3　曜日毎の申告数（16日間）

曜日	月曜日	火曜日	水曜日	木曜日	金曜日	土曜日	日曜日
延申告数	1	0	3	3	7	60	35
村数	1	0	1	1	2	4	1

者の意思決定獲得の重要性，②児童の出席情報を記録する学校に対するインセンティブの重要性，③社会実装のため，対象地域を集約しエリアベースで実施することで効率的なモニタリングが可能，④オフラインで動作するネイティブアプリの開発の必要性，の4点である。

　農家グループ，学校とも高い確率でデータの申告が行われたが，農家グループの申請率は100％であったとしているのに対し，学校は4.4％の申告漏れが発生している。農家グループにおける申請率の高さは，農家コミュニティの結束力が強く村長の声掛けもあったため，コミュニティ内で児童について報告しあう機運が高まったからであると推察される。農家グループ代表者，学校ともに上位者の承認があれば，積極的に取り組みを進めてくれることを確認できた。社会実装時には上位者の意思決定をうまく獲得する必要がある（①）。

　また，学校における申告漏れの要因については，授業の合間に入力するが，忙しくなかなか

時間が取れない，という学校側からのフィードバックがあった。一部の教師が複数クラスの分をまとめて申請する必要があったことから業務負担が大きく，一部記入漏れがあったと推察される。農家グループに対するインセンティブは，農家個人の収入になるのに対し，学校側は入力者である先生に対してではなく，学校の設備が対象であったことから，インセンティブの対象の違いが要因の一つとも考えられる。また，農家グループは共同体における相互牽制が働くのに対し，学校側にはその機能がなかったことも要因の一つである可能性がある。また学校へのインセンティブの金額に対する満足度も必ずしも高くないことから，学校の申告漏れを防ぐには，学校または先生に対するインセンティブ設計を見直す必要があると考えられる。本来，学校の役割は教育を行うことであり，児童労働を防止することは直接的には求められておらず，家庭方針の尊重という観点からも立ち入った指導ができないという背景がある。ただ

し出欠管理は教育においては必要であり，アプリ内で，効率的な出席管理と学校教育の質向上につながる機能があれば，学校側の入力を促すインセンティブとなる可能性はある（②）。

本実証実験においては学校側と農家側の入力データの不一致について，モニタリングチームが監査することで真偽を確認したが，この確認業務はモニタリングチームにとって負担となる。今回の業務は，従来型のモニタリング業務とは異なり，データに矛盾があった時のみに確認をする作業となるため，業務の効率化と情報の正確性の向上を両方実現することが可能であると想定した。実際には，従来型より確認作業工数は大幅に減るものの，確認の頻度が高くなる分，高コストとなった。特に今回は複数の離れた地域で実施したため，移動を含め工数がかさんだが，社会実装の際には対象地域を集約し，エリアベースで実施することにより，効率的にモニタリングすることが可能となるであろう（③）。

また今回のアプリケーションは，インターネット環境が必須であったため，農家グループのリーダーや学校側も入力に苦慮したとの声が挙がっていた。よってインターネット環境のない状況でもデータの入力が可能なネイティブアプリの開発が必要である（④）。

5.│結　論

サプライチェーンにおけるトレーサビリティシステムの社会実装を進めるためには，問題の根源にある一次情報（生データ）を正しく取得する仕組みの構築が必要である。ここには一定のコストがかかり企業が躊躇することではあるが，インセンティブループを検討しながら最初は小さな一歩から始めることが有効である。構築された小さな取り組みは自社だけで囲うこと

なくこの仕組みを要する既存の関係企業の中に積極的に組み込み，適正な情報を広く共有することで，是正措置を頻度高く適切に実施することが可能である。ここに至るまでには一定のコストがかかるが，確実に信頼できる情報が適切に流通された結果，最終消費者と生産者が直接つながり新たな付加価値が生まれ，事業・商品・サービスの価値が向上することでそのコストが吸収される。また，消費者のライフスタイルにあった生産が適切に行われ顧客体験が向上するなど，効果は計り知れない。

本実証実験では，学校のデータと農家のデータを突合することで情報の正確性を担保することに成功した。ブロックチェーン上ではデータの改ざんがほぼ不可能であるが，最初にブロックチェーンに格納するデータが正確であることを担保する仕組みに関する先行研究はほぼなく，本実証実験でデータの正確性を担保する仕組みを構築できたことは大きな前進である。今後は本実証実験が他の地域，または他の産品でも有効であることを証明するとともに，サプライチェーン上の他のステークホルダーと最終的には消費者を巻き込み，サプライチェーン全体で本システムが機能することを確かめる必要がある。将来的には，農家へのインセンティブとして消費者が直接モバイルマネーを送付できる機能を加えることで，児童労働の減少につなげることも可能になるであろう。この実験がブロックチェーンを用いた児童労働の減少，防止へとつながるための次の段階へと進む一助になれば幸いである。

(1)　ILO/UNICEF の 2021 年発表推計によれば，世界では児童全体の 9.6％に当たる 1 億 5,200 万人が児童労働に従事している。
(2)　カカオ産業における危険有害労働の例としては，刃物を使って実を割る作業，高所での作業，重い荷物を長時間運搬する作業，農薬散布，等が挙げられる。

（3）　International Cocoa Organization（2022）
（4）　ターム1：10日×51人＝510件，ターム2：16日×116人＝1,856件の合計件数。

〈参考文献〉

Bai, Y., Fan, K., Zhang, K., Cheng, X., Li, H., and Yang, Y. (2021) "Blockchain-based trust management for agricultural green supply: A game theoretic approach," *Journal of Cleaner Production*, Vol. 310.

Bai, C., Quayson, M., and Sarkis, J. (2022) "Analysis of Blockchain's enablers for improving sustainable supply chain transparency in Africa cocoa industry," *Journal of Cleaner Production*, Vol. 358.

FAO and Wageningen University & Research (2022) Digitalization and child labour in agriculture: Exploring blockchain and remote sensing to monitor and prevent child labour in Ghana's cocoa sector.

Hang, L., Ullah, I., and Kim, D-H. (2020) "A secure fish farm platform based on blockchain for agriculture data integrity," *Computers and Electronics in Agriculture*, Vol. 170.

Kraft, S. K. and Kellner, F. (2022) "Can Blockchain Be a Basis to Ensure Transparency in an Agricultural Supply Chain?," *Sustainability*, 14 (13), 8044.

Mirabelli, G. and Solina, V. (2020) "Blockchain and agricultural supply chains traceability: Research trends and future challenges," *Procedia Manufacturing*, Vol. 42. pp. 414–421.

Modgil, S. and Sonwaney, V. (2019) "Planning the application of blockchain technology in identification of counterfeit products: Sectorial prioritization," *IFAC-PapersOnLine*, 52 (13), pp. 1–5.

Quayson, M., Bai, C., and Sarkis, J. (2021) "Technology for Social Good Foundations: A Perspective from the Smallholder Farmer in Sustainable Supply Chains," *IEEE Transactions on Engineering Management*, 68 (3), pp. 894–898.

Rejeb, A. and Rejeb, K. (2020) "Blockchain and supply chain sustainability," *Logforum*, 16 (3), pp. 363–372.

Senou, R. B., Dégila, J., Adjobo, E. C., and Djossou, A. P. M. (2019) "Blockchain for child labour decrease in cocoa production in West and Central Africa," *IFAC-PapersOnLine*, 52 (13), pp. 2710–2715.

Wamba, S. F. and Queiroz, M. M. (2019) "The role of social influence in blockchain adoption: The Brazilian supply chain case," *IFAC-PapersOnLine*, 52 (13), pp. 1715–1720.

Wang, Y., Chen, C. H., and Zghari-Sales, A. (2021) "Designing a blockchain enabled supply chain," *International Journal of Production Research*, 59 (5), pp. 1450–1475.

〈インターネット〉

International Cocoa Organization (2022) Production of Cocoa Beans.
　https://www.icco.org/wp-content/uploads/Production_QBCS-XLVIII-No.-3.pdf

UNICEF, ILO (2021) Child Labour: Global estimates 2020, trends and the road forward.
　https://data.unicef.org/resources/child-labour-2020-global-estimates-trends-and-the-road-forward/

University Cicago NORC (2020) NORC Final Report: Assessing Progress in Reducing Child Labor in Cocoa Production in Côte d'Ivoire and Ghana.
　https://www.norc.org/PDFs/Cocoa Report/NORC 2020 Cocoa Report_English.pdf

国際協力機構（2022a）コートジボワール国「ブロックチェーン技術を活用した児童労働の防止に係る情報収集・確認調査」ファイナル・レポート。
　https://openjicareport.jica.go.jp/pdf/12368791.pdf

──（2022b）「コートジボワールにおけるブロックチェーンを活用した児童労働の防止に係る調査」開発途上国におけるサステイナブル・カカオ・プラットフォーム 第1回児童労働分科会 発表資料。
　https://www.jica.go.jp/activities/issues/governance/platform/information/nced070000007tq3-att/20220204_01.pdf

（最終アクセス日：すべて2023年2月15日）

インパクト投資における 社会的投資ブローカーとしての役割
——インドのインパクト投資協議会(IIC)を中心として

足立　伸也

法政大学大学院博士後期課程

キーワード：インド，インパクト企業，インパクト投資，インパクト投資協議会（IIC），社会的投資ブローカー

【要旨】

　インパクト投資は，インドにおいても活況を呈している。McKinsey & Company（2017）の調査では，インドのインパクト投資は，2010 年から 2016 年の間にその規模が 5 億米ドルから 11 億米ドル，その平均取引金額も 760 万米ドルから 1,760 万米ドルへと急拡大している。そこで，本研究は，インドのインパクト投資の業界団体と位置付けられるインパクト投資協議会（Impact Investors Council：IIC）に着目し，その社会的投資ブローカーとしての役割を明らかにすることを目的とした。その結果，IIC は，投資家と財務的・社会的リターンが期待できる有望ベンチャー企業とを結びつけるための社会的投資ブローカーとしての役割の一部を民間投資会社や国内外投資家に対して果たし，分類による社会性付与の点から，インパクト企業に対しても同ブローカーとしての新たな役割を果たしていた。

1. はじめに

　Cohen（2020）は，インパクト投資の起源について，「2007 年イタリアのベラジオ・センターで開催されたロックフェラー財団主催の会議で『インパクト投資』という言葉が，『社会的投資』に変わる言葉して作り出された」[1]，と述べている。現在インパクト投資は，世界中の投資行動の 1 つとして拡大している。グローバルなインパクト投資ネットワーク組織 Global Impact Investment Network の 2022 年の報告書（GIIN, 2022）によると，世界中で 3,349 の機関によって，1 兆 1,640 億米ドルもの規模でインパクト投資がなされている。GSG 国内諮問委員会[2]（2021）は，インパクト投資を「社会面・環境面での課題解決を図ると共に，財務的な利益を追求する投資行動」と定義している。

　インパクト投資は，インドにおいても，世界の動きと同様に活況を呈している。McKinsey & Company（2017）の調査では，インドのインパクト投資は，2010 年から 2016 年の間にその規模が 5 億米ドルから 11 億米ドル，その平均取引金額も 760 万米ドルから 1,760 万米ドル

投稿：事例紹介・解説（2023. 2. 15 受付 ∕ 2023. 5. 30 受理）

へと急拡大している。また，Observer Research Foundation（2020）の調査では，インドのインパクト投資は，2010 年から 2016 年の間に 52 億米ドル以上を集め，2017 年は，寄付金（550 万米ドル），開発金融機関（530 万米ドル），銀行（460 万米ドル）がインパクト投資の主要な供給源となっている。Brookings Institution India Center（2019）の調査によると，2001 年にインドで営利投資会社として設立された Aavishkaar，同じく 2001 年に米国で非営利組織として設立されたアキュメンファンド（Acumen Fund, Inc.）がインドのインパクト投資の創成期を支えたファンドである。2013 年のインド会社法における CSR 法制化[3]も社会問題解決に企業が取り組むという動きを加速させる要因になっている。

　今後も世界やインドのインパクト投資の成長が見込まれるなか，同投資の関連研究も盛んである。石田（2022），Höchstädter and Scheck（2015），Roundy, Holzhauer, and Dai（2017）等は，インパクト投資に関わる組織を整理し，その特徴を明らかにしつつも，定義や概念の不明瞭さや評価システム未確立の問題を提示している。小林（2016）は，ソーシャル・ファイナンスに関わる欧米や日本の主要組織を整理し，木村・荻原・堀江・朝日（2019）は，社会的企業を資金面から支援するソーシャル・ファイナンス[4]中間組織の特徴を論じている。Vecchi, Balbo, Brusoni, and Caselli（2016）は，インドのインパクト投資のエコシステムを踏まえ，インパクト投資協議会（Impact Investors Council：IIC）をエコシステムの助力者内の「協会」として整理し，「業界慣行と基準づくりを促進し，政策の優先順位を高め，セクターの成長と拡大を可能にするために設立された」とその意義を述べている。Hagerman and Wood（2014）は，投資家と財務的・社会的リターンが期待で

きる有望ベンチャーを結びつけるために不可欠な仲介者機能を担う個人または機関を社会的投資ブローカー（Enterprise broker）という概念として提示しており，筆者は，IIC は同ブローカーになり得るのではないか，という仮説を立てた。

2.　社会的投資ブローカーの概念

　Hagerman and Wood（2014）は，社会的投資ブローカーを個人事業主，営利投資会社，非営利組織の 3 形態に整理した上で，想定される役割について，次の 6 つを述べている。

　　①投資家の使命と価値観に沿った投資戦略の明確化・絞り込み
　　②投資家のリスク・リターン特性に基づく望ましいアセットクラス[5]のバランス確保
　　③投資テーマ別および地域別に投資家の優先投資対象の特定
　　④投資家のリスク・リターン選好や社会的・環境的投資目的に合致するような運用会社の評価とデューデリジェンス[6]実施
　　⑤投資先となるファンドや投資先選定
　　⑥投資パフォーマンス評価と継続的なモニタリング実施

　業界団体は，社会的投資ブローカーの形態として提示されておらず，同団体が果たす役割は明らかにされていない。そこで，本研究では，「業界団体としての IIC は，社会的投資ブローカーとしてどのような役割を果たしているか」をリサーチクエスチョンとし，その役割を明らかにすることを目的とした。

3． 研究方法

本研究では，非公開情報の把握を目的に，2022年12月～2023年2月を期間とし，IIC事務局への半構造的インタビュー[7]を実施するための調査票を作成した。調査票の項目は，次の4つを設定した。

①マネジメント：組織体制，業務のマネジメント対象等

②顧客：インパクト企業の分類，関係性等

③ビジネスパートナー：主要なパートナー，関係性等

④コミュニケーションスタッフ：業務内容，各業務の関係性等

なお，事務局幹部やコミュニケーションスタッフSagar Kalra氏とのオンラインインタビューは先方の都合で実施できなかったものの，同氏との調査票ならびにSNS（WhatsApp）でのやり取りを通じた多様な情報の確認を行った（表1）。このやり取りは英語で実施し，筆者が日本語訳を行った。第4節以降の内容は，公開情報とIICとのやり取りを通じて確認できた情報である。

4． IICの目的・組織・業務

IICは，2014年に設立されたインドのインパクト投資を推進する民間の業界団体であり，次の4つの実現を目指し，業務を実施している。

①インパクト投資への民間資金の流入を増やすこと

②インパクト投資に関わる組織や個人が活躍しやすくすること

③重要な政策提言を政府と効果的に実施すること

④セクター内のインパクト測定やモニタリングを支援すること

同団体は，50以上の国内外パートナーからの会費を主な収入源とし，政策提言，投資家へのサービスおよび情報提供，研究・出版事業を実施する。本部は，金融都市として知られるムンバイにあり，支部は，日系企業の集積地として知られるグルグラム[8]にある。

IICのCEOであるRamraj Pai氏は，インパクト投資イベント2022[9]開催レポートで，2019～2021年の3年間で1,200のインパクト投資取引が行われ，600近くの企業に145億ドルもの資金が流入し，毎年20％以上成長するその投資市場の拡がり，そして今後5年間に2億5,000万人もの人に好影響を及ぼし得るその社会性の高さを伝えている。

IICの組織は，執行評議会と事務局に分かれている。執行評議会は，インドのインパクト投資家や民間投資会社の役員等4～5名のメンバーで構成され，2年間の任期の中で戦略や組

表1 Sagar Kalra氏を介したIICへの調査概要

実施日時	内容	媒体
2022年12月 6日	調査票に基づく半構造化インタビュー ※調査票による回答	メール
12月 7日	調査票の回答：IICの目的，組織，業務	SNS（WhatsApp）
12月11日	追加質問の回答：同氏の役割，インパクト企業の分類	SNS（WhatsApp）
12月12日	追加質問の回答：人員体制	SNS（WhatsApp）
2023年 2月 2日	追加質問の回答：IICの拠点，先行研究	SNS（WhatsApp）

出所：筆者作成。

織の方向性等の重要な意思決定を行う。事務局は，執行評議会で決定された戦略に基づき業務を実施する（図1）。

　事務局は，2023年2月時点では，7名体制[10]である。CEOが全体を統括し，シニアメンバーであるディレクターが人事責任者として，組織内を束ね，シニアアドバイザーが組織外の団体，個人との連携を推進する。マネジャー，アシスタントマネジャー2名が，重点領域（気候関連投資，ジェンダーレンズ投資等）のインパクト投資実施企業の調査を担当し，コミュニケーションスタッフ1名が全体の窓口，資料作成を担う。インターン1名は，マネジャーやスタッフ業務の一部を担当する。事務局メンバーは，ムンバイ，グルグラムそれぞれの拠点で在宅を中心に業務を行う。

　業務のマネジメント対象は，研究出版物の発行数，政府機関の参加数，実施イベント数，イベントへの出席数等であり，これらの結果として，新規会員の募集・維持，より多くのパートナーの参画を目指している。

　IICは，インパクト企業分類時のみ企業調査を行い，インパクト企業と直接のやり取りは行わず，そのインパクトを評価する役割も有しない。具体的な業務として，Venture Intelligence，YourStory，Inc42，VCCircle等のインドのベ

ンチャー投資情報・取引プラットフォームから，全投資案件を毎月収集し，取引内容確認後，企業をインパクト企業と非インパクト企業に分類する。その分類結果を蓄積し，2023年2月時点では，過去10年間のインドのインパクト投資関連取引に関する唯一の専用データベース（Market Pulse）を保有し，管理している。同データベースによると，2022年11月は，気候変動，金融包摂，ヘルスケア分野のインパクト企業への投資額が多い。そのインパクト企業の分類基準は，次の3つの基準を1つ以上満たすかどうかである。

　　①生活必需品へのアクセスを改善する（消費者が購入可能な価格帯であり，企業のサプライチェーンも考慮する）
　　②インパクト／サステナビリティが事業の中核である（周辺事業ではなく，本業で世界をより良くするための意図がある）
　　③Tier 2[11]／Tier 3／地方における中小企業の成長を支援する

　同団体の主要ビジネスパートナーは，民間投資会社や国内外の投資家等の会員である。それは，会員からの会費により，活動に必要な資金や人件費等が賄えるためである。その他，インパクト投資に関する多くの調査を実施しており，その調査に必要なデータおよび意見を収集

図1　IICの事務局

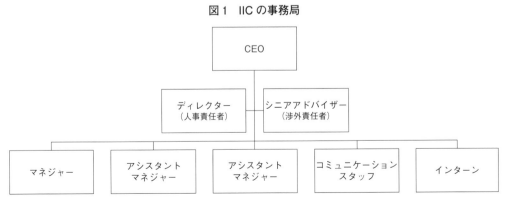

出所：調査票回答を基に筆者作成。

するために，会員外の多様な立場の組織や個人との関わりを大切にしている。インパクト投資イベント開催を通じた会員外の組織や個人とのネットワーキングもその一例である。

コミュニケーションスタッフ Sagar Kalra 氏の業務は次の4つである。

①調査，政策，アウトリーチの計画実施支援

②インパクト投資の主要な投資動向に関する継続的なデータ分析とインパクト企業分類

③IIC のソーシャルメディア・コミュニケーションとプロモーション管理

④対象者，目的に応じた対面・オンラインイベント企画・実施

5. IIC の社会的投資ブローカーとしての役割

IIC は，第2節で述べた投資家と財務的・社会的リターンが期待できる有望ベンチャー企業を結びつけるための社会的投資ブローカーとしての役割①～⑥において，民間投資会社に対して，インドのインパクト投資の市況，セクター別取引状況および企業に関する価値情報，イベント等での会員内外のネットワーキングを通じて，①社会的投資家の戦略の明確化・絞り込み，②アセットクラスのバランス確保，③優先投資対象特定に資する役割を果たしている。また，国内外投資家には，民間投資会社と同様の情報提供に加え，民間投資会社の概況も提供し，国内外投資家へ信頼できる民間投資会社選びの判断材料を増やしている。さらに，IIC が独自基準で分類したインパクト企業に対しては，企業の社会性の高さを裏付けることで，インパクト企業の社会的認知とブランド力の向上に寄与している。

一方で，④評価とデューデリジェンス実施，

⑤ファンドや投資先選定，⑥評価と継続的モニタリング実施の役割は有しない。

以上のように，IIC は，Hagerman and Wood (2014) が提唱する社会的投資ブローカーとして，一部であるものの重要な役割を果たしている。また，IIC は政策の提言も行っており，インドのインパクト投資の方向性にも一定の影響力を有している。これらを踏まえて，IIC の社会的ブローカーとしての役割は，図2のようにまとめることができる。

図2　IIC の社会的ブローカーとしての役割

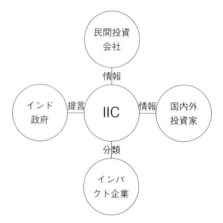

出所：IIC 公開情報ならびに調査票回答を基に筆者作成。

6. おわりに

本研究では，インドのインパクト投資の業界団体である IIC を事例にその社会的投資ブローカーとしての役割を考察した。IIC は，先行研究でも示された社会的投資ブローカーとしての役割の一部を民間投資会社や国内外投資家に対して果たし，分類による社会性付与の点から，インパクト企業に対してもブローカーとしての新たな役割を果たしていた。本研究の限界は，インドのインパクト投資において他機関との比較分析ができず，一視点からの分析にとどまっている点である。しかしながら，社会的投資ブ

ローカーの概念を提唱した Hagerman and Wood (2014) は業界団体を想定していなかったが，本研究の IIC の事例から，業界団体についても社会的投資ブローカーとして役割を果たしうるという新たな知見が得られた。これまで注目を浴びつつも研究が進んでこなかったインパクト投資の業界団体の役割に着目した実態把握は，今後のインパクト投資関連研究の発展に寄与するものである。

(1)　2007 年にロックフェラー財団に参加した Antony Bugg-Levine 氏がロックフェラー財団のインパクト投資イニシアティブを主導した (https://engage.rockefellerfoundation.org/story-sketch/the-rockefeller-foundation-weaving-ties-and-building-a-backbone-to-accelerate-impact-investing)，2023 年 2 月 10 日閲覧。

(2)　The Global Steering Group for Impact Investment（GSG）の日本における国内諮問委員会である。

(3)　梅野（2017）に詳しい記述がある。CSR 法制化は，外資を含むインドで活動するすべての企業に適用される。

(4)　Nicholls, et al.（2015）は，社会・環境面でのリターンを主目的とした資金配分，時に，経済的リターンも伴うと定義している。

(5)　同じようなリターン（値動き）やリスク特性を持つ投資対象の資産種類・分類のこと。国内株式，国内債券，外国株式，外国債券，商品，REIT などがある。野村證券，証券用語解説集を参照。（https://www.nomura.co.jp/terms/japan/a/assetclass.html），2023 年 3 月 31 日閲覧。

(6)　投資家が投資を行う際，もしくは金融機関が引受業務を行う際に，投資対象のリスク・リターンを適正に把握するために事前に行う，一連の調査のこと。野村證券，証券用語解説集を参照。（https://www.nomura.co.jp/terms/japan/te/due_diligence.html），2023 年 3 月 31 日閲覧。

(7)　大谷（2017）は，半構造化インタビューの意義として，「想定しなかったような多様な回答に対して，研究者の問題意識と専門的知見とに基づいて，それをさらに解明するような「研究的問い」が発せられるべき」としている。

(8)　グルガオンとして知られていたが，2016 年にハリヤナ州政府によって名称変更がなされた。（https://www.japan-india.com/release/5cf847485c

51d0ec9749ef035553182f95891bc2)，2023 年 2 月 10 日閲覧。

(9)　サンスクリット語でインパクトを意味する Prabhav の名を冠したイベントであり，730 名以上が参加した。

(10)　アシスタントマネジャー 1 名は空席であり，今後採用予定である。

(11)　インド準備銀行の地域人口に基づく 6 分類による。Tier 1〜 Tier 6 があり，Tier 2 は，50,000 名〜99,999 名，Tier 3 は，20,000 名〜49,999 名の地域人口である。

〈参考文献〉

Brookings Institution India Center (2019) *The Promise of Impact Investing in India.*

Cohen, R. (2020) *Impact: Reshaping Capitalism to Drive Real Change*, Ebury Press.（斎藤聖美訳『インパクト投資：社会を良くする資本主義を目指して』日本経済新聞出版，2021 年）

Global Impact Investing Network (GIIN) (2022) *Sizing the Impact Investment Market 2022.*

GSG 国内諮問委員会（2021）「インパクト投資拡大に向けた提言書修正版」。

Hagerman, L. and Wood D. (2014) *Enterprise Brokers*, Chapter 6, Salamon, L. M., *Leverage for Goods: An Introduction to the New Frontiers of Philanthropy and Social Investment*, Oxford University Press.

Höchstädter, A. K. and Scheck, B. (2015) "What's in a Name: An Analysis of Impact Investing Understandings by Academics and Practitioners," *Journal of Business Ethics*, Vol. 2, Issue 132, pp. 449-475.

IIC (2023) *India Opportunity for Growth Stage Impact Funds.*

—— (2022a) *India Impact Investing Meet 2022.*

—— (2022b) *Market Pulse November 2022.* (https://iiic.in/newsletter/market-pulse/nov-2022/), Accessed February 10th 2023.

IIC Website (https://iiic.in), Accessed February 10th 2023.

IIC LinkedIn (https://www.linkedin.com/company/impact-investors-council-iic/?originalSubdomain=in), Accessed February 10th 2023.

McKinsey & Company (2017) *Impact investing: Purpose-driven finance finds its place in India.*

Nicholls, A., Paton, R., and Emerson, J. (2015) *Social Finance*, Oxford University Press.

Observer Research Foundation (2020) *Impact investing*

in India: Towards Sustainable Development, ORF Occasional Paper No. 256, JUNE 2020.

Roundy P., Holzhauer, H., and Dai, Y. (2017) "Finance or philanthropy? Exploring the motivations and criteria of impact investors," Social Responsibility Journal, Vol. 13, Issue 3, pp. 491-512.

Salamon, M. L. (2014) Leverage for Goods: An Introduction to the New Frontiers of Philanthropy and Social Investment, Oxford University Press.（小林立明訳『フィランソロピーのニューフロンティア―社会的インパクト投資の新たな手法と課題―』ミネルヴァ書房，2016 年）

Vecchi, V., Balbo, L., Brusoni, M., and Caselli, S. (2016) Principles and Practice of Impact Investing: A Catalytic Revolution, Routledge.（北川哲雄・加藤晃監訳『社会を変えるインパクト投資』同文館出版，2021 年）

石田満恵（2022）「サステナブル投資とインパクト投資に関する一考察―その変遷と方向性―」『横浜経営研究』第 43 巻第 1 号，pp. 151-168。

梅野巨利（2017）「インドにおける CSR 活動の新展開」『大阪商業大学論集』第 15 巻第 1 号，pp. 199-211。

大谷尚（2017）「質的研究とは何か」『薬學雑誌』第 137 巻第 6 号，pp. 653-658。

木村富美子・荻原清子・堀江典子・朝日ちさと（2019）「社会的企業を支援する組織に関する考察―資金調達面の支援を中心として―」『地域学研究』第 49 巻第 2 号，pp. 315-331。

小林立明（2016）「第 1 回ソーシャル・ファイナンス研究会ソーシャル・ファイナンスの世界的潮流が（概観）」(https://japan-social-innovation-forum.net/wp-content/uploads/2016/09/b8eb964dc426e5c8b8941d6bff938afe.pdf), Accessed February 10th 2023.

学会ニュース

1. 第 11 回年次大会（2022 年 9 月 1〜2 日）報告
2. 部会（2022 年 12 月〜2023 年 5 月）報告
3. 第 12 回年次大会（2023 年 9 月 7〜8 日）案内

1. 第 11 回年次大会報告

- ・日　　程　　2022 年 9 月 1 日（木）〜2 日（金）
- ・場　　所　　慶應義塾大学日吉キャンパス来往舎およびオンライン（ハイブリッド）
- ・主　　催　　企業と社会フォーラム
- ・本大会プログラム委員会
　　　　　　　・岡田正大（慶應義塾大学大学院経営管理研究科教授）
　　　　　　　・谷本寛治（早稲田大学商学学術院商学部教授）
- ・テ ー マ　　「デジタル・トランスフォーメーション（DX）による社会的価値の創出：
　　　　　　　持続可能性（SD）実現におけるデジタル技術の役割」

　　企業経営，公的セクター，非営利セクターの如何を問わず，デジタル技術による変革（Digital Transformation, DX）は経営トップ喫緊の課題とされ，DX 推進の勢いはとどまることを知りません。2000 年前後を基点とするネット革命の潮流は，昨今の IoT，AI，データ分析手法，通信技術の急速な進歩によりさらに加速しています。さらに世界的な COVID-19 のパンデミックは，IT の果たす重要な役割を強く印象付けました。企業と社会はこうした変革を持続可能性を前提として進めていかねばなりません。

　　2022 年 JFBS 年次大会では，デジタル・トランスフォーメーション（DX）による社会的価値の創出に向け，持続可能性（SD）実現におけるデジタル技術の役割について議論しました。（詳細は本誌をご覧下さい。）

・プログラム

＜大会 1 日目：2022 年 9 月 1 日＞

10:30-11:30	JFBS 理事会
11:30-12:00	JFBS 総会
12:00-13:00	受付
13:00-13:05	**Opening Remarks** ・Masahiro Okada (President, Japan Forum of Business and Society / Professor, Graduate School of Business Administration, Keio University, Japan)
13:05-14:30	**Keynote Speech** ・宮田裕章（慶應義塾大学医学部医療政策・管理学教室教授） ・福田譲（富士通 執行役員　Executive Vice President CIO, CDXO（最高デジタル変革責任者）補佐） 【司会】岡田正大（慶應義塾大学大学院経営管理研究科教授）
14:30-14:40	休憩
14:40-16:00	**Plenary Session 1 "Digital Transformation (DX) : Social Value Creation, Sustainability, and The Role of Digital Technologies"** ・南雲岳彦（スマートシティ・インスティテュート 専務理事） ・Daniel McFarlane (Director, The Centre of Digital Technology & Society, School of Global Studies, Thammasat University, Thailand) 【Chair】Kyoko Fukukawa (Professor, Graduate School of Business Administration, Hitotsubashi University, Japan)
16:00-16:30	休憩
16:30-18:00	**Breakout Session Organized 1「地方創生 × DX」** ・工藤祐太（アクセンチュア ビジネスコンサルティング本部 コンサルティンググループ プリンシパル） ・西村潤也（小田急電鉄 次世代モビリティチーム 統括リーダー 兼 DX 推進・スマートシティ担当） ・諸井眞太郎（凸版印刷 DX デザイン事業部 スマートシティ推進部部長 / ZETA アライアンス 代表理事） 【司会】今津秀紀（凸版印刷マーケティング事業部 SDGs プロジェクト部長）
	Session 1 (CFP) "Social Inclusive Business" 1. Bongi Kgeresi (Doshisha University, Japan) 　"Exploring various opinions, attitudes, experiences, and perceptions of ethical decision-making in the corporate context in South Africa - Do ethics matter?" 2. Marat Fayrushin (ABCCOM., Russia) 　"AI vs Russian Labor Law: transparency as matrix for digital transformation" 【Chair】Yoshitaka Okada (Tokyo International University, Japan)

＜大会2日目：2022年9月2日＞

9:00-10:30	**Breakout Session Organized 2「サプライチェーン × DX」** ・大我　猛（SAP ジャパン 常務執行役員 チーフ・トランスフォーメーション・オフィサー） ・加賀谷哲之（一橋大学商学部教授） ・川口洋平（武田薬品工業 GMS コーポレート EHS EHS ジャパン エンバイロメント リード） ・茂呂正樹（EY ジャパン 気候変動・サステナビリティサービス アソシエートパートナー） 【司会】岡田正大（慶應義塾大学大学院経営管理研究科教授）
	Session 2 (CFP) 1. Ahmed Gened and Philip Sugai (Doshisha University, Japan) 　"Study of Digital Transformation Success in Energy Sector: The Case of Egypt" 2. 大驛潤（中央学院大学） 　「DX 時代の会計業界の戦略課題：スタートアップ時のアントレプレナーの戦略形成」 3. 井原美恵（慶應義塾大学／ Bella コンサルティング） 　「地域クラスターが有する競争力の源泉 — 地域経済創生に必要なケイパビリティの解明」 【司会】岡本大輔（慶應義塾大学）
10:30-10:50	休憩
10:50-12:20	**Breakout Session Organized 3 "金融 × DX"** ・Justin Balogh (President & CEO, TORANOTEC, Japan) ・Kazunori Ohmae (CEO, Elevate. Former CEO of Crowd Securities Japan, Japan) ・Atsushi Ohtaka (Representative Director and CEO, Transaction Media Networks, Japan) 【Chair】Hiroshi Amemiya (Partner, Head of Japan and Korea, ESG Book Japan, Japan)
	Session 3 (CFP) 1. 田頭拓己, 福川恭子, 松井剛（一橋大学） 　「ソーシャルメディア炎上における倫理的意思決定と消費者行動」 2. 若林基治（国際協力機構（JICA）） 　小野美和（デロイト トーマツ コンサルティング） 　「児童労働問題解決に向けたブロックチェーントレーサビリティシステムの構築－コートジボワールのカカオ産業における実証実験－」 3. 熊沢拓（ソーシャルインパクト・リサーチ） 　「サステナビリティガバナンスのメカニズム－役員報酬における ESG 指標の有効性と実効性」 【司会】大平修司（武蔵大学）
12:20-13:20	昼食
13:20-14:50	**Breakout Session Organized 4「B Corp コミュニティにおけるデジタルと社会的価値」** ・Dave Mateo（ダノンジャパン シニア・パブリックアフェアーズ・アンド・サステナビリティ・マネージャー） ・小田一枝（オシンテック 番頭） ・山本奈未（山本山 USA 社長） 【司会】土肥将敦（法政大学現代福祉学部教授）
	Session 4 Doctoral Workshop 1. Bolun Zhang (Waseda University, Japan) 　"What Impacts Acquirers' Perception of Targets' Corporate Social Performance in Cross-border M&As? — An Analysis of Foreign Entries into the American Market"

	2. Peiwen Chew (Massey University, New Zealand) "Addressing Societal Grand Challenges: The Role of Sustainability Leadership in Business" 【Mentor】 ・Kyoko Fukukawa (Hitotsubashi University, Japan) ・Shuji Ohira (Musashi University, Japan) ・Masahiro Okada (Keio University, Japan)
14:50-15:10	休憩
15:10-16:30	**Plenary Session 2 "Digital Transformation (DX): Social Value Creation, Sustainability, and The Role of Digital Technologies"** ・岡田正大（慶應義塾大学大学院経営管理研究科教授） ・雨宮寛（Partner, Head of Japan and Korea, ESG Book Japan） ・土肥将敦（法政大学現代福祉学部教授） 【司会兼パネリスト】今津秀紀（凸版印刷 マーケティング事業部 SDGs プロジェクト部長）
16:30-16:40	**Closing Remarks** ・Masahiro Okada (President, Japan Forum of Business and Society / Professor, Graduate School of Business Administration, Keio University, Japan)

2.　部会報告

第36回東日本部会
- ・日　　時：2022年12月23日（金）14：00〜17：00
- ・場　　所：オンライン（Zoom）
- ・テーマ：正しいビジネス"JUST BUSINESS"とは？
- ※注：この"Just Business"という言葉は，2011年に国連の人権理事会で認められた「ビジネスと人権に関する指導原則」の起草に携わった，ハーバード大学ケネディスクールのジョン・ラギー教授の著書タイトルでもあります。

多様なビジネスプロセスにおける人権課題をどのように捉え，どう企業として適応し，ひいては自社の経営能力を強化していくのか。

例として，児童労働，労働条件，紛争鉱物，製造者責任，健康や環境への被害，個人情報管理，自主検閲の是非，性別や国籍による不公平性など，人々の基本的人権（生命・財産・居住・学問・労働・経済活動の自由，社会的身分や国籍・性別による差別のない社会，健康で文化的最低限度の生活など）とビジネスに関わるテーマで報告しました。

- ・講演者・報告者等：
- (1)「ビジネスにおける公正性とステークホルダー経営資源論」
  - 【報告者】岡田正大教授（慶應義塾大学大学院経営管理研究科）
- (2)「ビジネスと人権」に関する指導原則の一般原則の展開とロシアのウクライナ侵攻
  - 【講演者】菅原絵美氏（大阪経済法科大学　国際学部教授）
- (3)　人権及び労働に関する企業開示の状況
  - 【報告者】雨宮寛氏（アラベスクグループ　パートナー＆日本支店代表）
- (4)　人権を巡るルールメーカーの動きと人権デューデリジェンスの実務概要
  - 【講演者】名越正貴氏（EY新日本有限責任監査法人・シニアマネージャー）
- ・司　　会：岡田正大（慶應義塾大学大学院経営管理研究科教授）

第37回東日本部会
- ・日　　時：2023年3月18日（土）13：00〜16：00
- ・場　　所：オンライン（Zoom）
- ・テーマ：企業と大学における持続可能性教育：経営や教育へいかにSD（Sustainable Development）を統合するか
- ・講演者・報告者等：
- (1)　ESDの理想と現実
  - 【講演者】一橋大学教授　福川恭子氏
- (2)　Do Local Government Sustainability Initiatives Impact Corporate Social Responsibility Practices?（日本語）
  - 【報告者】吉田賢一氏（九州大学工学研究院環境社会部門 都市研究センター 特任助教）
- (3)　サステナブル・アントレプレナーシップの普及―地域再エネ事業の事例研究（自由論題，日本語）
  - 【報告者】手嶋進氏（千葉商科大学 基盤教育機構准教授／千葉商科大学大学院政策研究科（博士課程）2年）
- (4)　Sustainability Leaders in University Education: A Case Study of Academics' Motivations and Challenges for Sustainability Integration
  - 【報告者】Anh Chau Cong Nguyen* and Sumire Stanislawski**

* Master's Student, School of Social and Political Sciences, University of Glasgow, Scotland; Department of Economics History, Uppsala University, Sweden (corresponding author)

**Associate Professor, Institute for International Strategy, Tokyo International University, Japan

・司　会：福川恭子教授（一橋大学大学院経営管理研究科）

　　　　　岡田正大教授（JFBS 会長／慶應義塾大学大学院経営管理研究科）

JFBS シンポジウム

・日　時：2023 年 5 月 13 日（土）13：00〜15：00

・場　所：オンライン（Zoom）

・テーマ：ESG の潮流への戦略的対応：企業がコンプライアンスを超えて競争力を向上させるには？

・講演者等：

　(1) Kirei Lifestyle Plan　花王の ESG 戦略と具体的取組

　　【講演者】畑中晴雄氏（花王株式会社 ESG 部門 ESG 戦略部　ESG 戦略スペシャリスト）

　　【ファシリテーター】牛島慶一（JFBS 理事／EY 新日本有限責任監査法人プリンシパル）

　(2) 共創型化学会社に向けて—レゾナックグループのサステナビリティ戦略—

　　【講演者】松古樹美氏（株式会社レゾナック・ホールディングス サステナビリティ部部長）

　　【ファシリテーター】岡田正大（JFBS 会長）

　(3) パネルディスカッション

　　【Chair】岡田正大（JFBS 会長）

　　【討論者】・シンポジウム参加者

　　　　　　　・畑中晴雄氏（花王株式会社 ESG 部門 ESG 戦略部　ESG 戦略スペシャリスト）

　　　　　　　・松古樹美氏（株式会社レゾナック・ホールディングス サステナビリティ部部長）

・司　会：岡田正大（慶應義塾大学大学院経営管理研究科教授）

3.　第12回年次大会の内容

- ・日　　　程　　2023年9月7日（木）〜8日（金）
- ・場　　　所　　慶應義塾大学日吉キャンパス来往舎
- ・主　　　催　　企業と社会フォーラム
- ・本大会プログラム委員会
    - ・土肥将敦（法政大学現代福祉学部教授／第12回大会委員長）
    - ・岡田正大（慶應義塾大学大学院経営管理研究科教授）
- ・テ　ー　マ　　「危機を乗り越えて：人・市場・社会をめぐる新たなパラダイムへ」

　　新型ウイルスによって繰り返されるパンデミック，気候変動によって頻発する自然災害，そして欧州・ユーラシア・アジアにおける地政学リスクの増大など，世界の不確実性は著しく増大しています。その結果，これまでのESGの潮流を無視するような混乱した状況が世界中に散見され，企業そして社会は様々な〈危機（Crises）〉に直面しています。また日本国内では，東日本大震災以降も毎年各地で自然災害が発生しており，われわれはこれら災害からの教訓をどのように企業や組織の経営に組み込むかが問われています。次々にわれわれを襲うこうした困難や課題を克服するためには，〈従来のやり方〉や〈一時的な危機対応〉だけでは根本的解決にはならず，今までの常識を打ち破る新たな発想やビジネスモデルの構築が求められています。こうした〈危機〉に関しては，すでにリスクマネジメントやBCM（Business Continuity Management：事業継続マネジメント），レジリエンス経営など様々な研究領域で活発に議論が行われてきています。こうした知見に加え，全くの異分野からの発想をも活用しながら，ポストコロナ時代における〈新しい日常や秩序：New Normal Order〉を目指した，オルタナティブな社会経済システムと新しい市場社会を構想することは，日本のみならず社会全体における喫緊の課題といえるでしょう。

　　本年次大会では，社会全体や産業界に生じている多様な「危機」を発想の主たる発端としつつ，企業や組織が〈人（people）〉を含むわれわれの多様なステイクホルダーとどのような関わり合いを持ちながら社会的価値を生み出し，新しい持続可能な〈市場（market）〉や〈社会（society）〉を構築できるのか，またそうした様々な〈危機（Crises）〉をどのように乗り越えることができるのかについて，学術的，実務的な観点から多角的に検討していきます。

　　本年次大会に関連するテーマやトピックには，次のようなものが挙げられます（但し，この限りではありません）。

1. 危機と人間：人間の安全保障，ビジネスと人権，ビジネスと政治，ビジネスと公正性，ビジネスと平和，危機を越えたWell-beingのあり方
2. 危機と市場：組織における危機管理，レジリエンス，サプライチェーン，災害時における利他性，BCP/BCM，新しいビジネスモデルの構築，アジャイル経営
3. 危機と社会：災害時における意思決定，ビジネスと環境問題，ボランティアマネジメント

　　多くの参加者の皆様によって，新しい議論が提起されることを期待しています。

・主な内容　　＜Keynote Speech＞

　　　　　　・Eugene Chien, Ph.D. (Ambassador-at-large, Taiwan R.O.C/ Chairman and president, TAISE)
　　　　　　・Kanji Tanimoto (Waseda University)

　　　　　　＜Plenary Session＞

　　　　　　・Eugene Chien, Ph.D. (Ambassador-at-large, Taiwan R.O.C/ Chairman and president, TAISE)
　　　　　　・Kanji Tanimoto (Waseda University)
　　　　　　・竹ケ原啓介氏（日本政策投資銀行）
　　　　　　・石川善樹氏（公益財団法人 Well-being for Planet Earth 代表理事。予防医学研究者，博士（医学））
　　　　　　・【Chair】Professor Doi/Professor Okada

　　　　　　＜企画セッション＞

　　　　　　1.　人：Well-being
　　　　　　2.　人：ビジネスと人権
　　　　　　3.　社会：環境・気候変動・生物多様性
　　　　　　4.　市場：地政学リスクとサプライチェーン

最新の詳細プログラムは，学会ウェブサイトを参照ください。
https://j-fbs.jp/annualconf_2023.html

【Notes for Contributors】

1. The annals mainly consists of invited papers, academic papers, research notes and case studies/commentaries. For submission to the annals, membership requirement does not apply.
2. Contributions should be original papers written in either Japanese or English on the theme of the JFBS annual conference in that year or topics related to business and society. The contributions have neither been published previously nor are under review for publication elsewhere by the end of September when the annals comes out.
3. Japan Forum of Business and Society (JFBS) has all copyrights of submitted papers for publication.
4. Authors are requested to seek written permission in advance when citing their accepted papers in any other publication including internet sites. With the request accepted, authors cite the annals information such as the series number and the date of publication.
5. All papers are to be submitted in a single column format. Academic paper in Japanese language should be no longer than 20,000 characters (research note: 15,000 characters, case study/commentary: 10,000 characters) including title, abstract, keywords, notes, references, tables and figures. Academic paper in English should be no longer than 8,000 words (research note: 6,000 words, case study/commentary: 4,000 words) including title, abstract, keywords, notes, references, tables and figures.
6. References should be cited in the text either in brackets, e.g. *Earlier studies (Schumpeter, 1934) showed⋯*or as part of a sentence, e.g. *Schumpeter (1934) states⋯*. The reference should be listed alphabetically in the end of papers. In submitted papers, authors should not cite their own previous papers.
7. Authors should attach a cover letter which includes the title of the paper, author(s)' name(s), author(s)' contact information, an abstract (100 to 150 words) and keywords (10 words or phrases) in a word format.
8. Authors should follow the guidelines posted at the JFBS site to ensure their submission is in the correct format. (It is particularly important that authors may not use any third-party material such as figures and images on the internet and photos without appropriate permissions.)
9. Submission deadline for the academic papers, research notes and case studies/commentaries is January 15 after the annual conference, and for the invited papers, the end of March.
10. The annals uses a double-blind peer review system, in which two referees delegated by the JFBS editorial committee review. Then, the chief editor makes a final decision.
11. When accepted, authors can proofread for publication only once. Neither adding nor deleting sentences/ words can be made while proofreading. Only typographical/literal errors could be corrected.
12. All materials along with submitted papers are not returned to authors for any reason.
13. Papers should be submitted in a word file to info@j-fbs.jp
    Tel: +81-45-564-2033 / Fax: +81-45-562-3502   E-mail: info@j-fbs.jp   URL: https://j-fbs.jp
    Japan Forum of Business and Society (JFBS)
    c/o: Masahiro Okada Labo., Keio Business School, Keio University, 4-1-1 Hiyoshi Kohoku-ku, Yokohama Kanagawa, 223-8526 Japan

Japan Forum of Business and Society Annals, No.12

Edited by Japan Forum of Business and Society
Published by Chikura Publishing

Index

企業と社会フォーラム学会誌

【企業と社会シリーズ12】

2023年9月1日　発行

編　者　企業と社会フォーラム

発行者　千倉成示

発行所　株式会社　千倉書房
　　　　〒104-0031　東京都中央区京橋3-7-1
　　　　Tel 03-3528-6901　Fax 03-3528-6905
　　　　https://www.chikura.co.jp/

印刷／製本　藤原印刷

表紙デザイン　さくらい　ともか